Der Autor

Jens Petersen, Jahrgang 1959, ist gebürtiger Schleswiger und ein glühender Verfechter einer „einigermaßen fehlerfreien Schreibe", wie er bekennt. Nach dem Abitur an der Staatl. Domschule in Schleswig 1978 führte ihn sein Studium nach Kiel, Manchester und Flensburg.

Sein 2. Staatsexamen entließ den frisch gebackenen Lehrer in die Perspektivlosigkeit. Es wurden schlichtweg keine Lehrer eingestellt. Er machte aus der Not eine Tugend und schlug sich überwiegend als Journalist durchs Leben. Fortan lernte er praktisch alle Formen der journalistischen Arbeit kennen.

Er arbeitete für Tageszeitungen („Schleswiger Nachrichten, Flensburger Tageblatt"), Wochenblätter („Wochenschau", „Moin Moin", „Goden Dag, leeve Lüüd"), Illustrierte („HierHer", eine deutsch-dänische Illustrierte im Stern-Format), Sportzeitschriften („Nordsport"), Computerfachblätter („Amiga Joker", „Amiga Public Domain") und Radio Schleswig-Holstein (R.SH).

Bei allen Tätigkeiten aber war ihm eines wichtig: Die Daten mussten stimmen; und natürlich war – und ist - ihm jeder Fehler ein Gräuel…

Heute verdient Jens Petersen seine Brötchen doch noch als Lehrer: an der Auenwaldschule Böklund. Er ist verheiratet und hat einen Sohn und einen Enkel.

Ebenfalls bei tredition erschienen die Bücher „Die Sprachpanscher" und „Rettet der Deutsch!", beide auch als Hörbücher erhältlich.

Dieses Buch widme ich meiner Frau Heike, die mich in fast zwei Jahrzehnten durch dick und dünn begleitet hat, und meinem Freund Peter Baumann, dem ich für zahlreiche gute Ratschläge danke.

Das Werk, einschließlich aller seiner Teile, ist urheberrechtlich geschützt. Jede Verwertung ist ohne Zustimmung des Verlages und des Autors unzulässig. Dies gilt insbesondere für Vervielfältigungen, Übersetzungen, Mikroverfilmungen und die Einspeicherung und Verarbeitung in elektronischen Systemen.

© 2009   Autor: Jens Petersen   Verlag: tredition GmbH
www.tredition.de
Printed in Germany

ISBN: **978-3-86850-431-6**

Bibliografische Information der Deutschen Nationalbibliothek
Die Deutsche Nationalbibliothek verzeichnet diese Publikation in der Deutschen Nationalbibliografie; detaillierte bibliografische Daten sind im Internet über http://dnb.d-nb.de abrufbar.

Jens Petersen

Verstrickt im Sprachdschungel
Deutsch für Fortschreitende

Band 3 der Sprachpanscher-Trilogie

…nur echt mit dem Sächsischen Genitiv!

„Wer nachlässig schreibt, legt dadurch zunächst das Bekenntnis ab, dass er selbst seinen Gedanken keinen großen Wert beilegt [...].“

(Schopenhauer)

„Er beherrscht die unerklärliche Kunst, die unendlich oft gebrauchten und abgetragenen Worte neu erscheinen zu lassen. [...].“

(Ricarda Huch)

Titelbild: „Stricke" © 2008 Heike Petersen-Lippe,
nach einem Motiv von Michael Arp

Vorwort

Man muss ja nicht unbedingt stolz darauf sein, immer wieder „nur" den Finger in die Wunde zu legen. Aber ist es nicht wirklich erschütternd, mit anzusehen, wie in Zeitschriften, Zeitungen, Büchern, Rundfunk und Fernsehen die deutsche Sprache förmlich vernichtet wird, wie geschlampt, gepfuscht und hastig hingeworfen wird, was gerade, wenn es für fremde Augen und Ohren bestimmt ist, gut durchdacht sein sollte? Wofür andere womöglich teures Geld bezahlen?

Manchmal möchte man manches Printprodukt schlicht und ergreifend zusammenknüllen und in die Ecke pfeffern, Buch und Fernseher gleich hinterher. Inzwischen kann ich Marcel Reich-Ranicki gut verstehen, der ja bekanntlich kürzlich einen so fulminanten TV-Auftritt hingelegt hatte.

Muss denn wirklich jeder, der glaubt, etwas mitzuteilen zu haben, dies dermaßen liederlich und oberflächlich tun? Muss man sich wirklich selbst gleich zum Buchautor ernennen und miserabel zusammengestückelte Werke, die nicht auch nur annähernd jemals in die Hände eines wirklich der deutschen Sprache mächtigen Menschen gekommen sind, mittels Print-, bzw. Book-On-Demand (BOD) unters Volk bringen wollen? Und dann auch noch das Internet allerorten damit zumüllen?

Speziell im Bereich Kinderbücher tummeln sich die „Experten". Jeder Hans und Franz meint, er sei dazu berufen, ein Kinderbuch zu verfassen. Oder auch Fantasy: Jeder, der irgendwann mal den Herrn der Ringe irgendwo im Regal gesehen hat, glaubt, er könne nun „das" Buch verfassen. Auch gern genommen: Krimis. So genannte Satire. Reise- und Zeitzeugenberichte (derzeit ist der Jakobsweg gerade en vogue), Gedichtbände voll einfältiger Lyrik.

Das weltweite Netz ist voll davon. Voll von Büchern, die entweder gar nicht oder auch nur oberflächlich lektoriert wurden. Ach, ich schweife ab. Nämliches gilt schließlich auch für Radiosender oder Zeitschriften. Stellen Sie, lieber Leser, sich mal vor das Zeitschriftenregal eines größeren Supermarkts, dann wissen Sie, was ich meine. Müll ohne Ende. Wer kauft das bloß alles?

Dieses Buch stellt das dritte und damit das (voraussichtliche) Ende der Sprachpanscher-Trilogie dar. Viele neue Entgleisungen sind mir unter die Augen gekommen; sozusagen ein „Best of" der beiden Vorgängerbücher gibt es quasi als Bonus mit dazu. Natürlich dürfen auch die einzig wahren Sprachkünstler dieses Planeten nicht fehlen – die Fußballprofis.

In diesem Sinne wünsche ich viel Vergnügen bei der Lektüre dieses Buchs.

Lürschau, im Juli 2009

Inhaltsverzeichnis

Unvermeidlich

Ulrike Bergmann berichtet im sh:z-Kulturteil am 9. August 2008 über eine Lesung in Kampen auf Sylt:

„Dann animierten sie das Publikum zum Fragenstellen, wobei, wie gesagt, einige Gäste schon vorab um Verzeihung für ihre vermeidlichen Indiskretionen baten."

Hmmm… Hmmhmmhmmm… was meint sie damit bloß? Schreibt sie von zu vermeidenden Indiskretionen, also von vermeidbaren? Dann sollte Frau Bergmann das auch so schreiben, denn die Anhänge „-lich" und „–bar" können die Bedeutung eines Adjektivs schon mal kräftig durcheinander schütteln.

Nehmen wir doch einfach mal das „wunder" dazu. „Wunderbar" bringt ja etwas vollkommen anderes zum Ausdruck als „wunderlich" – oder? „Vermeidbar" wäre demnach hier wohl eher angebracht als das ohnehin kaum existente „vermeidlich". Allenfalls ein „unvermeidlich" hätte eine gewisse Existenzberechtigung.
Aber vielleicht meinte sie ja auch „vermeintlich"? Das wäre ja wohl vermeidlich, Entschuldigung, vermutlich die bessere Lösung…

In den Chor der vermeidbaren Sprachpanschereien reiht sich dann auch sh:z-Sportreporter Michael Bock mit ein, der uns am 22. November ebenfalls mit dieser Sprachschöpfung beglückt. Im regionalen Sportteil berichtet er über Fußballtorhüter Maik Wilde, der für das Kunstprodukt SG Sylt/Haddeby (demnächst wohl wieder mit neuem Namen: FC Sylt) zwischen den Pfosten steht.

„Die drei Unentschieden gegen die vermeidlichen härtesten Konkurrenten sind für Koppelt (der Manager und Finanzier des Vereins, Anm. des Autors) *völlig okay."*

Am 20. März legt Bock gleich noch einmal nach:

„Solch ein Szenario soll sich gegen einen vermeidlich schwächeren Gegner nicht wiederholen. ‚Wir müssen einfach unser Spiel spielen', sagt der Hamburger Student der Sozialökonomie."

In der Ausgabe vom 21. März 2009 beweist uns besagter Herr Bock, dass das Fehlen eines einzigen Worts die Bedeutung eines Satzes vollkommen ins Gegenteil verkehren kann:

„Unerwartet angenehm: Der Dreizylinder wird selbst bei höherem Tempo laut."

Zusätzlich schöpft Bock bereits zu Beginn des Texts Kreatives aus dem Fundus der deutschen Sprache:

„Der durchaus gelungen designte Dreizylinder mit den großen „Glubsch-Augen" bietet bei 2,36 m Radstand im Inneren ein überraschend annehmliches Platzangebot."

Eigentlich müsste man Herrn Bock ja dankbar sein, dass er sich der Erhaltung des Kulturguts deutsche Sprache annimmt – warum aber benutzt er nicht einfach das aktuellere angenehm? Der Duden jedenfalls teilt uns lapidar mit, dass „annehmlich" veraltet ist, zumal er sich ja auch noch irreführend ausdrückt, wenn er „2,36 m Radstand" und „im Inneren" aneinanderreiht.

Im Vorfeld der Olympischen Sommerspiele in Peking erfreute uns die bereits im Vorgängerbuch gewürdigte Deutsche Presse-Agentur, kurz dpa, mit einem ausgiebigen Vorbericht zu den Spielen, den der sh:z in seiner Berichterstattung am 8. August benutzte und uns darin die folgenden folgenschweren Zeilen präsentierte:

„US-Schwimm-Hero Michael Phelps ist bereits mit sechs Goldmedaillen dekoriert, strebt acht weitere an und könnte schon bei vier Olympiasiegen zum erfolgreichsten Athleten in die olympische Historie eingehen"

Nun wollen wir erst einmal festhalten, dass das Wort „Hero" zwar im Englischen benutzt wird, im Deutschen im Singular jedoch praktisch nicht geläufig ist und insofern an dieser Stelle allenfalls als ein kleiner Sprachwitz akzeptiert werden könnte. Die Griechen nannten eine Gruppe übermenschlicher, zu verehrender Wesen seit Homer Heroen. Es handelte sich um Halbgötter, die zwar sterblich waren, aber dennoch als halb göttlich galten.

Das soll uns aber nicht weiter stören, wohl aber das „zum" vor dem erfolgreichsten Athleten. Man kann, liebe dpa, nicht „zu" etwas eingehen. Warum wird das zum nicht einfach durch ein zünftiges „als" ersetzt? Also etwa so: „…könnte schon bei vier Olympiasiegen als erfolgreichster Athlet…" Ist das denn so schwer?

Und abschließend verdanken wir sh:z-Autorin Hildegard Filz die bahnbrechende Erkenntnis, dass Euro-Paletten nicht etwa hergestellt oder gebaut, sondern errichtet werden, wenn wir ihrem Bericht vom 2. Juni 2009 Glauben schenken:

„Auch wenn die praktische Holztribüne aus den einst errichteten Euro-Paletten längst abgebaut ist: Die christliche Feier kam an und wurde zum Ausflugs-Höhepunkt."

Fußball-Weisheiten

„Ich habe viel von meinem Geld für Alkohol, Weiber und schnelle Autos ausgegeben. Den Rest habe ich einfach verprasst."

(George Best)

„Wir müssen jetzt endlich den Arsch hochkriegen und Eier zeigen."

(Martin Pieckenhagen)

Neues aus dem Glashaus

Das Heimatblatt des Verfassers dieser Zeilen, die Schleswiger Nachrichten, verfügt am Sonnabend im Lokalteil über eine regelmäßige Rubrik, die „Schleswiger Ansichten". Redakteure liefern hier launige Kolumnen über allerlei Ereignis- und Erlebnisse rund um die schöne Schleistadt. So auch Ove Jensen am 25. Juli 2009. Von einem Leser aufmerksam gemacht, präsentiert er uns die folgende Beschilderung mit dem passenden Wortspiel:

Quelle: Schleswiger Nachrichten, 25.07.09

„Zugegeben, es ist uns auch schon passiert. Vor fast zwei Jahren stand in den Schleswiger Nachrichten ein Bericht über die gemeinsame Obermeisterversammlung der Kreishandwerkerschaften Rendsburg-Eckenförde und Schleswig – ohne „r". Aber das ist längst Altpapier. Davon weiß nur noch unser Redaktionsarchiv. Das Los der Schildermacher aus der Straßenbauverwaltung Ist härter. Vergessen sie einen Buchstaben, sehen die Autofahrer diesen Fehler jeden Tag aufs Neue. Auch unserem Leser Hans Schnoor ist es aufgefallen. Aber halb so schlimm: Ein Körnchen Wahrheit steckt durchaus auf diesem Schild. Eckernförde hat wahrlich einige schöne Ecken."

Immerhin *einen* Fehler räumt Herr Jensen denn doch ein. Dass es schon noch ein paar mehr gewesen sind, belegen unter anderem die Bücher dieser Sprachpanscher-Trilogie – aber auch die nämliche Ausgabe der Schleswiger Nachrichten, denn nur eine Seite weiter teilt Svenja Kamp dem staunenden Leser unter der Schlagzeile *„Zwischen Höllengestalten und Flügelaltar"* mit:

„Die Zahl der Teilnehmer an den Führungen schwang stark."

Leider schweigt sich die Autorin in den nun folgenden Zeilen hartnäckig darüber aus, woran oder mit wem die Zahl denn nun geschwungen hat. Hätte sie doch bloß „wechselt" benutzt...

Bedauernswerte Fische...

Bei den allgegenwärtigen Leseproben von eher unbekannten Buchautoren stößt man im Internet auch schon mal auf das eine oder andere Schmankerl, wie es mir jüngst gerade wieder geschehen ist.

Auf der Seite www.suchbuch.de fand ich „Hannahs Nachtgeschichten" von Judith Le Huray, ein liebevoll verfasstes Kinderbuch:

„Der Papa baut das Zelt im Garten auf. Mit dem Hammer schlägt er die Heringe in den Boden. ‚Nicht, dass das Zelt heute Nacht mit euch davonfliegt', meint er lachend."

Nicht, dass man mich jetzt als radikalen Fischfreund bezeichnen könnte, aber das tut dann doch weh! Fehlt eigentlich bloß noch, dass „der Papa" am nächsten Tag mit den Kindern Häringe angeln geht…

„Erde an Penny…"

(Quelle: www.penny.de)

Ein Terabyte (TB) entspricht 10^{12} Byte, also 1.000.000.000.000 (einer Billion) Bytes. Darüber habe ich mich in der Wikipedia schlau gelesen. Heutzutage ist das übrigens eine durchaus gängige Festplattengröße. Was aber ein „Terrabyte" sein soll, ist wohl nur den Werbetreibenden beim Discounter Penny kein Rätsel. Sie sollten der Sache mal auf den Grund gehen.

Wie viel Medienkompetenz da im Spiel ist, zeigt gleich die nächste Prospektseite: Da wird aus der Dual-Layer-Unterstützung, also der Möglichkeit, auch 8,5-GB-Rohlinge zu bespielen, flugs eine „Dual-Media-Unterstützung" gebaut. Welche zwei Medien das denn nun sein sollen, erfährt der potenzielle Kunde nicht…

Lektorat, nein danke!

Genauso wie in dem oben angeführten Beispiel lassen es viele Autoren an dem für ein gutes Buch nahezu unabdingbaren Lektorat mangeln. Hierzu ein weiteres Exempel: Das Werk heißt „Der Jackpot", verfasst von dem Autor Ronald E.F. Spalthoff, erschienen 2009 bei tredition. Das knapp 700 Seiten umfassende Werk liefert eine spannende Geschichte und dürfte, wenn man der Leseprobe folgt, ein echter Thriller sein. Aber wieder ist es diese Leseprobe, die besser noch einmal überarbeitet würde, gefunden unter www.tredition.de am 9. Mai 2009:

Der muskulöse Karibe meinte allerdings lächelnd, er möge mit Belobigungen noch etwas warten, bis es komplett fertig sei ...und Mr. German die Rechnung gesehen habe.

So weit in Ordnung, drei schöne Konjunktive.

„Wird Zeit, dass du deinen Bootsführerschein machst, bevor Denise Vater uns in die Pleite treibt. Morgan hat ihn auch, Michael," schlug Harald kurz nachdem in deutsch vor, als die Yacht aus der Bucht lief. Diese nahm indes rasch Fahrt nach Nassau auf, während sie wieder herzhaft lachen konnten.

Jetzt geht's aber schon los: „Denise Vater" sollte schon noch irgendetwas Besitzanzeigendes haben – oder heißt die Dame so mit vollem Namen? Das Komma hinter Michael gehört auch hinter die Anführungszeichen, Peanuts im Vergleich zu dem, was folgt. Bittebitte, liebe Spalthoffs und andere Schriftsteller dieser Welt: Wenn Ihr schon auf Deutsch (sic!) schreibt, dann haltet euch fern von dem unsäglichen „in deutsch"! Und das „nachdem" möchte ich gerne an einem Satzanfang sehen, mitten im Satz stattdessen lieber „danach". Und dass im Anschluss die Bucht – denn nur auf diese kann sich das „diese" beziehen - rasch Fahrt aufnahm, rundet den Absatz negativ ab.

Berge von Eingekauftem nahm die VIRGINIA Stunden später in sich auf. Dabei blitzte es an allen Ecken und Kanten, als man wieder in die Tempelvilla kam. Denise hatte während ihrer Abwesenheit ganze Arbeit geleistet.

Hier kann ich nicht nachvollziehen, warum die ersten zwei Sätze mit einem „dabei" verbunden werden. Das Einkaufen steht ja nun wirklich nicht in direktem Zusammenhang mit Denises (sic!) ganzer Arbeit, oder?

Ebenfalls besichtigte man neugierig Michaels Tempelvilla, die von den Kariben nur „The Second" genannt wurde. Auch telefonierten sie mit Mr. Foxworth, der zum Anfang der kommenden Woche den Inneneinrichter mitbringen wollte. Dann war bis auf die Diesel- und Frischwasserlieferung am Mittwoch Ruhe angesagt, da auch Michaels Pontonplattform und die Tanks fertig wurden.

Mittwoch gegen 15:00 Uhr fuhr die VIRGINIA allerdings wieder los, um vom Yachthafen mit einer Stretchlimousine zum Airport zu fahren.

Oha, das muss dann ja ein schönes Gespann gewesen sein, die Stretchlimousine mit dem Boot im Schlepptau oder meinethalben Huckepack…

Dort merkten die Brüder schon, dass sie etwas zu auffällig von den unifor-mierten Beamten gemustert wurden, weil man über sie sprach. Daher warfen sich die Twins fragende Blicke zu, da beide die karibischen Gedanken nicht kannten ...ja nicht einmal erahnten.

Jetzt wird's merkwürdig: Sie wurden zu auffällig gemustert? Weil man über sie sprach? Wie jetzt? Mein Vorschlag dazu: „Die Brüder merkten, dass sie von den Uniformierten gemustert wurden. Scheinbar wurde über sie gesprochen." Und „karibische Gedanken kennen" oder „erahnen"? Ich weiß nicht, aber das würde ich einfach streichen. Das klingt mir zu billig. Zur Not könnte man ja auch „das karibische Denken" oder „die karibische Denkweise" nehmen.

Die kennen keine Rassenschranken, die schaffen Arbeitsplätze, nur nerven dürfe man sie nicht, da der eine gut schießen könne. Und auf die Frage, ob man schon die Caribbean Twins gesehen habe, waren nicht nur jene zwei Tempel auf Pelican Island gemeint, von denen man ebenso sprach.

Wer sagt oder denkt das jetzt? Und warum der unvermittelte Sprung in den Konjunktiv? „Und auf die Frage (...) waren (...) gemeint" geht so ja wohl auch nicht.

Und so geht die Leseprobe noch ein Stückchen weiter, inklusive des typischen Anfängerfehlers mit den harten Trennungen, abenteuerlicher Zeichensetzung und mancher kruden Formulierung. Einmal mehr kann hier nur jedem Autor geraten werden, sich fachliche Hilfe bei der Eigenwerbung zu suchen.

Mutterkreuz?

Es ist schon irgendwie ein Kreuz mit den Müttern. Sie werden immer noch stellenweise heroisiert, heute allerdings nicht mehr ganz so heftig wie zu Adolfs Zeiten, als sie als Fleischfabriken für Deutschlands X-Fronten-Kriege dienen und so Kanonenfutter produzieren sollten.

Dennoch hat es spätestens mit der Amtsübernahme als Familienministerin von Ursula von der Leyen, geb. Albrecht – wir erinnern uns alle noch an ihren Vater, den Hannoverschen Keksprinzen Ernst Albrecht – so etwas wie eine Renaissance des Muttertums gegeben. Immerhin hat die Dame stolze sieben Nachwüchse produziert, und stellt sich nun als leuchtendes Beispiel einer fähigen und kompetenten „Familienmanagerin" ins Licht der Öffentlichkeit. Schamhaft verschwiegen wird bei der Gelegenheit allerdings, dass Frau von der Leyen über ein nicht eben geringes Vermögen und auch sonst ordentliche Einkünfte verfügt und daher kein Problem damit hat, ein Kindermädchen einzustellen und zu bezahlen.

Aber wir waren bei den Müttern: Bis heute wirkt diese irgendwann vor langer Zeit ins Leben gerufene Heldenverehrung von Müttern nach. Zweifelsohne haben sie für eine Weile ihr Leben wegen der Schwangerschaft extrem umzustellen und auch wegen der sich meist anschließenden Kinderbetreuung allerhand zu leisten, das bestreitet auch der Verfasser dieser Zeilen nicht.

Das Problem sind eigentlich auch nicht die Mütter selbst, sondern es ist ihre Darstellung in der Öffentlichkeit. Das beginnt schon in biblischen Zeiten mit der Jungfrau Maria. Sie ist heilig. Über jeden Verdacht erhaben. Sie gebiert und pflegt das Jesulein.

Bis hin zu Adolfs Zeiten ist die Mutter der Inbegriff von Liebe und Fürsorge, von Selbstaufopferung und Hingabe. Und all dies nehmen wir quasi mit der Muttermilch auf. Wo man auch hinsieht, eine Mutter kommt gleich nach Gott. Und damit sind wir in der Gegenwart angekommen. Heute sieht das doch ganz anders aus, wird sich der unbedarfte Mensch des 21. Jahrhunderts sagen. Eben nicht, wenn man den Journalisten Glauben schenkt.
Die Nachrichtenagentur lno platziert daher beim sh:z am 4. Februar 2009 folgende Meldung:

„Zwölf Tage nach dem Messerangriff auf eine 42 Jahre alte Mutter vor einem Lübecker Frauenhaus geht es dem Opfer besser. Der Zustand der 42-Jährigen habe sich nach Auskunft der Ärzte stabilisiert, sagte der Sprecher der Lübecker Staatsanwaltschaft, Klaus-Dieter Schultz. Die Frau war von ihrem Ex-Mann mit einem Messer lebensgefährlich verletzt worden.“

Einmal mehr geht der verfassende Journalist seiner perfekten Mütter-Sozialisation auf den Leim. In seiner Not, die angegriffene Dame irgendwie abwechslungsreich zu benennen, greift er auf die ebenso flache wie auch wenig informative Plattitüde „Mutter" zurück. Soso, die Frau hat ein Kind - oder gar mehrere. Das kennzeichnet sie also. Dann ist sie noch Frau und 42 Jahre alt. Gut. Und jetzt stellen Sie, lieber Leser, sich einmal dieselbe Meldung mit einem Mann als Opfer vor:

„Zwölf Tage nach dem Messerangriff auf einen 42 Jahre alten Vater vor einem Lübecker…“

Gibt's nicht? Genau! Das ist, um es mit Heinz Erhardt zu sagen, das hüpfende Komma. Väter werden in ihrer diesbezüglichen Funktion generell erst mal öffentlich gar nicht als solche wahrgenommen. Sie sind in aller Regel Männer, maximal dargestellt als „Familienväter", aber dies auch nur dann, wenn besonders heftiges Mitleid geweckt werden soll. Da ist dann großzügig die Ehegattin in die Familie mit eingeplant.

Aber immer und überall – manchmal auch durchaus penetrant – werden Frauen mit Kindern unbedacht als „Mütter" tituliert und dabei auf ihre Funktion als Pflegemaschine reduziert – und auch hier spielen die Journalisten wieder eifrig mit, wobei hier wohl keine Absicht, sondern eher eine gepflegte Uninformiertheit als Beweggrund angesehen werden darf.

Schurdels Geschwurbel

In einer unwesentlich früheren Ausgabe darf ein Journalist namens Harry D. Schurdel ein wenig über die Historie der Olympischen Spiele schwadronieren und beglückt uns dabei ebenfalls mit mutigen Interpretationen deutscher Sprachkultur

So brachen ölzweiggekrönte Sportler von Elis – jener Stadt, auf dessen Boden sich das Heiligtum Olympia befand – auf, um den anderen griechischen Städten den genauen Zeitpunkt der Wettkämpfe zu verkünden.

Oha! Heißt es jetzt „das Stadt", oder „der Stadt", nicht mehr „die Stadt"? Ja, dann darf das „dessen" vor dem Boden natürlich stehenbleiben…

Und der Text nimmt sein Ende, wenn man so will auch seinen Ausgang, sehr wörtlich, wie die folgenden Zeilen unterstreichen.

„Für die Winterspiele war dies übrigens erst seit deren sechster Austragung 1952 in Oslo der Fall, doch nahm dieser Fackellauf seinen Ausgang im heimischen Morgedal seinen Ausgang, gelegen in jener Region, welche als Wiege des Skisports gilt.“

Überhaupt beglückt mich der sh:z am 8. August 2008 mit einer für den Verfasser dieser Zeilen erfreulichen Ausgabe, denn auch unter der Politik-Rubrik werde ich wieder fündig:

„Angesichts der sich verstärkenden Angriffe auf deutsche Soldaten, wie am Mittwoch 35 Kilometer südlich des Bundeswehrstützpunktes im nordafghanischen Kundus, würden die Rufe in der Heimat nach Einstellung des deutschen militärischen Engagements am Hindukusch noch lautstarker werden.“

Dass sich angesichts dieses verbockten Komparativs kein lautstarker Protest regt, nimmt mich wunder. Aber damit noch nicht genug, einmal mehr die dpa:

„Der Machtkampf zwischen Regierung und Präsident dürfte Pakistan weiter destabilisieren wird.“

Das dürfte ein weiterer Fehler geworden sein…

Dass auch der Herbst in den sh:z-Blättern reizvoll sein kann, beweist uns die Ausgabe vom 22. Oktober 2008, in der von den Probefahrten einer Milliardärsyacht auf der Elbe berichtet wird. Ein aufmerksamer Zeitungsleser hatte die Prachtyacht vor die Linse bekommen und durfte dem unter dem Kürzel „blu“ schreibenden Verfasser zu Protokoll geben, dass die Kosten von etwa 100 Millionen Euro für das Boot „kein Taschengeld“ seien. Donnerwetter! Der Verfasser des Artikels exzerpiert aus dieser Erkenntnis folgende denkwürdige Information und gerät dabei mächtig ins grammatische Stolpern:

„Etwa 100 Millionen Euro soll sich Carlos Slim Helú die „Mayan Queen IV“ hat kosten lassen.“

Der Historiker und Publizist Dr. Bernd Haunfelder erinnert am 22. November an eine in Vergessenheit geratene Hilfsaktion des Roten Kreuzes, von der auch zahlreiche Jungen und Mädchen aus Schleswig-Holstein profitierten, und schafft dabei gleich mal – quasi „nebenbei“ – das Rote Kreuz ab:

„Die größte Kinderhilfsaktion in der Geschichte des Roten Kreuzes geriet jedoch bald nach seinem Ende in Vergessenheit.“

Und dann war da noch die an und für sich unterhaltsam zu lesende Rubrik „Vor 45 Jahren“, mit der die „Schleswiger Nachrichten“ ihre Leser regelmäßig erfreut, so auch am 13. Dezember 2008.

„Als einen „Etat ohne Illusionen“ bezeichneten Politiker den Haushalt für das kommende Jahr, wie die SN am Mittwoch, 11. Dezember 1963, berichten. Der Sparzwang schwebt über die Haushaltsberatungen.“
Autsch.

Und schließlich berichtet der sh:z unter „Auto und Verkehr“ am 3. Januar 2009 über ein neues chinesisches Mittelklasseauto auf Europas Straßen. Der nicht namentlich gekennzeichnete Artikel enthält die folgende schöne Konstruktion:

„Tatsächlich zeigte sich der Brilliance BS4 bei ersten Testfahrten eine recht agil Straßenlage.“

Vielleicht hat das ja irgendein Chinese ins Deutsche übersetzt.

Eine Agenturmeldung aus der Rubrik „Yellow Press" präsentiert uns der sh:z am 30. Januar 2009 auf seiner „Panorama"-Seite:

Schwer krank

KÖNIGIN FABIOLA (80), Witwe des belgischen Königs Baudouin, liegt schon mehr als dreizehn Tage auf der Intensivstation eines Brüsseler Krankenhauses. Fabiolas Krankheit sei besorgniserregend, berichtete die flämische Zeitung „Het Laatste Nieuws". Aus dem Palast hieß es zuletzt nur, ihr Zustand sei „ernst und stabil". Die Königin kam am 16. Januar mit einer schweren Entzündung der Lunge und der Atemwege in die Klinik.

Auf den ersten Blick ist das alles so weit in Ordnung – bis der Blick des geneigten Lesers auf die verquaste Zeitangabe fällt: *Mehr als 13 Tage.* Was heißt das jetzt? Sind es vierzehn? Fünfzehn? Zwanzig? Eine solche „Mehr als..." - Zeitangabe benutzt man doch wohl in der Regel bei Zeiträumen wie Wochen, Monaten oder Jahren. Da wäre doch wohl ein „rund zwei Wochen" angebrachter gewesen, oder etwa nicht?

Da will der oder die für die bereits zitierte Wochenschau tätige Autor oder Autorin „chw" nicht zurückstehen. Am darauffolgenden 1. Februar präsentiert uns Herr oder Frau Weiß Nämliches: In einem Bericht über eine Einstiegshilfe ins Berufsleben für Schüler erfahren wir:

„Nach der Auswertung hatte Lehrer Werner Dawid ein Berufsforum mit über 17 Experten (...) organisiert (...)"

„Knapp 20" wäre da wohl sicher eine Übertreibung gewesen – vielleicht hätte ja auch die genaue Zahl geholfen.

Zurück zum sh:z: In derselben Ausgabe vom 30. Januar gönnt man uns dort eine weitere interessante Stelle, und zwar auf der Seite „Aus der Region". Autor „dew" (Dewanger?) berichtet eigentlich fehlerfrei über das „Jonglieren" eines Schwertransports an allerlei Hindernissen vorbei. Allerdings vertut sich „dew" ein wenig beim Jonglieren mit der Sprache:

„Was sich in der Nacht zwischen dem deutsch-dänischen Grenzübergang bei Ellund abspielte, hatte gewaltige Ausmaße."

Oha, das muss sich ja dann wirklich in drangvoller Enge abgespielt haben, quasi „zwischen Tür und Angel"...

Sorgen bereitet den „Schleswiger Nachrichten" am 14. März 2009 die Schließung zweier Drogeriemärkte in der Innenstadt. Autor/in „mki" beglückt uns mit folgender Formulierung:

„Der zweite Problemfall ist direkt gegenüber zu finden: ‚Totalausverkauf! 25% auf alle Artikel', lesen die Kunden derzeit am Eingang von Kloppenburg. Das Geschäft ist teilweise bereits leergekauft."

Sieht doch auf den ersten Blick ganz gut aus. Nur: Kann ein Geschäft *„teilweise leergekauft"* sein? Die Antwort ist ganz einfach: kann es nicht. Wenn etwas leer ist, dann ist es wirklich inhaltslos. Hier wäre es zutreffender gewesen, so zu formulieren: *Große Teile des Sortiments sind bereits verkauft.* Ist doch gar nicht so schwer, oder?

Möbel aus Büchern?

Ein antiquarisches Sofa?

Zwei Tage zuvor gönnt uns das Schleswiger Lokalblatt einen mühsam kaschierten PR-Bericht über ein Restaurant, das mit Gebrauchtmöbeln ausstaffiert ist. Autor Peter Hamisch ist allerdings möglicherweise nicht für die folgende Bildunterschrift verantwortlich:

„Mit antiquarischem Mobiliar hat Dieter Hundertmark den Landgasthof „Am Selker Noor" geschmackvoll ausgestattet."

Dem Autor dieser Zeilen ist ja schon allerhand untergekommen, aber die Begriffe *„antiquarisch"* und *„Möbel"* schließen sich ja nun wirklich aus. Selbst der Duden sagt hierzu ganz klar, dass ein Antiquariat ein Buchhandel für gebrauchte Bücher ist. Punkt. Der Begriff „antiquarisch" wird nur noch als das hierzu passende Adjektiv explizit aufgeführt. Nochmal Punkt. Aber wer weiß, vielleicht sitzt man in dem erwähnten Restaurant ja auf Bücherstapeln?

Fußball-Weisheiten
„Daran sind nur die Schiedsrichter schuld, da bin ich ganz selbstkritisch."
(Markus Osthoff)

„Es ist mir völlig egal, was es wird. Hauptsache, er ist gesund." *(Mehmet Scholl als werdender Vater)*

"

Namentlich

Welcher Teufel jedoch den Journalisten der „Schweriner Volkszeitung" am 22. Oktober geritten hat, über eine Lesung von Harry Rowohlt zu berichten und dabei Namen durcheinander zu werfen, will sich mir nicht erschließen, außer vielleicht, dass der mir unbekannte Verfasser nicht wirklich auf dem Gebiet der Satire beheimatet ist, wohl aber ein Zeilenhonorar für seine Berichte erhält.

„Während Harry Rowohlt sich Robert Gernhardt und Effi Bernstein, Joachim Ringelnatz und Wilhelm Busch näherte (…),"

Fürwahr eine ordentliche Trefferquote – drei Viertel der Namen richtig. Nur ist es wirklich schade, dass der Karikaturist und Satiriker F.W. (Fritz Weigle) Bernstein (obschon es womöglich ehrenvoll ist, in die Nähe einer Fontane-Titelheldin gerückt zu werden) dem Autor offensichtlich nicht bekannt ist.

Bleibt nur zu hoffen, dass es lediglich ein Bericht und nicht etwa eine Kritik der Lesung war…

Eigentor im Zeitungskrieg

Einen Zeitungskleinkrieg der besonderen Art durfte der geneigte Leser im Mai 2009 erleben: In der „Süddeutschen Zeitung" wies Willi Winkler darauf hin: „(…)zwei Klicks, und die Vergangenheit ist wieder da". Er meinte den „Spiegel-Online", über dessen Internetseite im „Spiegel-Shop" auch rechtsextreme Bücher zu finden sind („Denn der Hass stirbt …" von Leon Degrelle).

Hans-Ulrich Stoldt bedankte sich höflich bei „Spiegel-Online" für diesen Hinweis und machte mit einer gewissen Häme darauf aufmerksam, dass im „Süddeutsche Zeitung Shop" auch rechtsextreme Literatur angeboten wird („Denn der Hass stirbt …" von Leon Degrelle). - Ursache für das ärgerliche Buchangebot ist, dass beide Journale mit dem Großbuchhändler Libri zusammenarbeiten - auf dessen Angebot die Kooperationspartner kaum Einfluss haben. (Die Antwort von der „Süddeutschen Zeitung" steht bisher noch aus).

Ein paar hübsche Exempel

Schleswiger Nachrichten, Donnerstag, 5., Freitag, 6. April 2007, Seite 17: Da gibt es einen sechsspaltigen Bericht über eine geplante „Verlässliche Schule" im schönen Dörfchen Busdorf bei Schleswig. Der Anreißertext über dem eigentlichen Artikel hat es in sich:

„Mit mehr als 200 Schülern gehört die Grundschule Busdorf zu einer der größten im Kreisgebiet."

Aha. Leider finde ich im weiteren Text nicht ein einziges Wort über die im Anreißer erwähnte Schule, zu der die Grundschule Busdorf gehört.

Mannmannmann, ist es denn so schwer, so etwas präzise und unmissverständlich auszudrücken? Ich gehe mal davon aus, dass es so heißen müsste: „Mit mehr als 200 Schülern gehört die Grundschule Busdorf zu *den größten* im Kreisgebiet". Und derlei missverständliche und

offensichtlich mal eben so daher geschluderte Formulierungen finden sich mittlerweile zu Dutzenden, zu Hunderten; ach was, zu Tausenden in Büchern, Zeitschriften und Zeitungen.
So auch im folgenden Zitat der „Schleswiger Nachrichten" vom 28. Juli 2009:

„Drei Personen, die in der Nacht zu Sonnabend mehrere Gullydeckel in der Schubystraße ausgehoben hatten, wurden von der Polizei auf frischer Tat ertappt. Gegen sie wird nun Anzeige wegen Gefährdung des Straßenverkehrs ermittelt."

Bleibt nur zu hoffen, dass jemand tatsächlich die Anzeige ermitteln kann.

Aus derselben Ausgabe, nur zwei Seiten weiter:

„Als die Bausubstanz und die Geschäfte in den 1970er Jahren immer schlechter gingen, stieg der Kreis Schleswig-Flensburg als Pächter ein."

Wir können wohl davon ausgehen, dass danach zumindest die Bausubstanz wieder besser ging.

Fußball-Weisheiten

„Dass mein Gegenspieler mich umgestoßen
und am Torschuss gehindert hat, hab ich ja
noch wegstecken können, aber als er
mich einen 'Pardon' genannt hat, habe
ich die Nerven verloren
und nachgetreten."
(Dietmar Hamann)

„Die Sanitäter haben mir sofort
eine Invasion gelegt."
(Fritz Walter)

Lumpen im Finanzamt?

Fundort Internet, www.gmx.de (07.05.07):

„Schummeln was das Zeug hält? Die Versuchung ist groß, bei der Steuer zu tricksen. Doch Vorsicht, das Finanzamt lässt sich nicht so leicht lumpen."

Aha. Das ist mir neu. Vielleicht sollte ich mal meinen Sachbearbeiter aufsuchen, damit er mir endlich mal Einiges bei meiner Steuererklärung durchgehen lässt. Zumindest könnte er mir ja mal einen ausgeben…

Überraschende Einnahmen

Fundort Schleswig-Holsteinischer Landtag, 09. Mai 2007. Der damalige SPD-Fraktionschef und spätere Innenminister Lothar Hay sagte nach einem koalitionsinternen Richtungsstreit ums liebe Geld:

„Die zusätzlichen Einnahmen, die - durch Steuerprognosen - uns erwarten, werden wir in erster Linie in den Abbau der Neuverschuldung reinstecken müssen."

Aha. Das Land Schleswig-Holstein ist also in der Lage, über Prognosen Einnahmen zu generieren. Donnerwetter! Ich habe natürlich sofort versucht, mir meinerseits großartige Einkünfte zu prognostizieren. Allein, es floss nicht ein einziger zusätzlicher Euro auf mein Konto. Schade. Nehmen wir zu Herrn Hays Gunsten also einmal an, dass er eher meinte, *nach* Prognosen seien Einnahmen zu erwarten gewesen…

Fußball-Weisheiten

„Ein Wort gab das andere - wir hatten uns nichts zu sagen."
(Lothar Matthäus)

„Man darf jetzt nicht alles so schlecht reden, wie es war."
(Fredi Bobic)

Eichen im Textsumpf

(aus dem Erstling „Die Sprachpanscher")

Fundort „Moin Moin-Wochenblatt", 02.05.07: Einer von vielen Jubel-Vorberichten über die Landesgartenschau 2008 in Schleswig.

„77 Sumpfeichen die ‚Brillenkönig' Günther Fielmann makieren zwischen Dom und Schloss Gottorf die Ostwestachse."

???? Ein herrlicher Satz! Ich nehme einfach mal an, dass „markieren" gemeint ist. Aber wer „makiert" hier wen? Das Genus von „Brillenkönig" ist männlich, also müsste es „der, des, dem oder den Brillenkönig(s)" heißen. Wenn nun der „Brillenkönig" markieren sollte, müsste es „makiert" heißen. Gehen wir aber davon aus, dass die 77 Sumpfeichen das Subjekt sind, dann ist das Verb als Prädikat so, wie es dasteht (bis auf den Rechtschreibfehler...) in Ordnung. Nur: was soll dann das „die ‚Brillenkönig' Günther Fielmann" dazu bedeuten? Für eine attributive Bestimmung oder gar eine Apposition hätte der Autor Kai Labrenz (bei der Bildunterschrift gelingt es den Wochenblatt-Machern noch nicht einmal, den Namen ihres Autoren richtig zu schreiben: *„Foto: Labrens"*) zumindest ein passendes Komma hinter die Sumpfeichen setzen müssen. Dann fehlt noch ein knackiges Verb hinter Herrn Fielmann, und schon haben wir einen vollständigen deutschen Satz. Wie klingt das: „77 Sumpfeichen, die ‚Brillenkönig' Günther Fielmann gestiftet hat, markieren die Ost-West-Achse."

Rieseninsel Sylt

Fundort „ACELenkrad", Mitteilungsorgan des AutoClub Europa. Heft 5, 15. Mai 2007, Seite 45. Da wird Deutschland deutlich größer gemacht. Unter „Bauboom auf Sylt" informiert uns die Redaktion über rege Bautätigkeit auf der Schicki-Micki-Insel:

„Acht neue Hotels mit rund 700 Inseln entstehen in den kommenden Jahren auf Deutschlands viertgrößter Insel."

Aha. Was für ein Riesenprojekt...

Fußball-Weisheiten

„Das Gegentor fiel zum psychologisch ungünstigsten Zeitpunkt. Aber man muss an dieser Stelle auch einmal die Frage stellen, ob es Gegentore gibt, die zu einem psychologisch günstigen Zeitpunkt fallen."

(Christoph Daum)

Sodom und Gomorrha am Rathaus
(aus dem Erstling „Die Sprachpanscher")

Fundort Moin Moin vom 23.05.07: Wieder ist es der gelernte Bauzeichner Kai Labrenz, der sich gemeinsam mit Pia Klatt ja auch schon erste Meriten als Buchautor erworben hat. Papier ist bekanntlich geduldig. Sein Artikel bezieht sich auf eine geschichtsträchtige Veranstaltung in Schleswig.

„Zahlreiche Besucher erlebten am vergangenen Wochenende rund um dem historischen Rathaus eine Zeitreise ins Mittelalter. Zum zweiten Mal veranstaltete, Holger Rohde von ‚Tross und Trubel', und Matthias Barkmann, das mittelalterliche Markttreiben hinter den Kulissen vom Graukloster…Er hatte für den Bürgermeister zum Dank, auch ein Geschenk mitgebracht… Anschließend gingen sie gemeinsam über dem Marktplatz… Simon und Laif (?), waren mit ihren Eltern…gekommen, um selbst ein Lederbeutel herzustellen. Die Spielleute…musizierten ihre eigenen Kompositionen. Große Begeisterung beim Publikum waren die Gerichtsverhandlungen…Sie folgt den aerodynamischen Gesetzen, die einst Da Vinci, der sein Leben der Kunst der Forschung, Philosophie und dem Ingenieurwesen widmete, "

Hier endet der Text des bedauernswerten Autors, bei dem wohl irgendein letztendlich auf ewig ungenannt bleibender Redakteur, vielleicht war's ja auch ein Layouter, die Schere angesetzt und den Text bis kurz vor die absolute Unkenntlichkeit verstümmelt hat.

„Rund um dem historischen Rathaus…": Schon während ich dies abschreibe, umpuschelt mein Textverarbeitungsprogramm das Ganze mit wohltuend sanften, grünen Kringeln (haben andere Benutzer keine Rechtschreib- oder Grammatikkorrektur?). Bittebitte, liebe Zeitungs-, oder wahlweise auch Wochenblattmacher dieser Welt, gönnt mir meinen Akkusativ! Rund um das historische Rathaus – war das jetzt so schwer?

Und welcher Teufel reitet den Kollegen Labrenz, hinter „veranstaltete" und vor „Holger Rohde" ein Komma zu setzen? Was soll der Beistrich vor dem „und"? Warum hinter dem Namen Barkmann noch ein Komma? Die neue Rechtschreibung vereinfacht die Zeichensetzung zweifelsohne. Aber sie tut dies, indem sie so manches Komma überflüssig macht – und nicht, indem sie zusätzliche Kommata verlangt.

Auch wenn man über den Marktplatz geht, kann man auf den Dativ verzichten. Das geht – probieren Sie's aus! Darüber, ob der Name Laif existiert, bin ich wirklich nicht informiert. Möglicherweise gibt's ihn tatsächlich. Sicher ist aber Eines: Ich stelle Lederbeutel im Akkusativ her, und da das Genus des Lederbeutels nicht sächlich, sondern maskulin ist, stelle ich eben doch einen her.

Und wenn ich musiziere, dann tue ich das ohne Objekt, just for fun, wie man neudeutsch sagen würde.

„Große Begeisterung waren die Gerichtsverhandlungen". Das muss man erst mal sacken lassen. Was will uns der Autor hier sagen? Man ist sicher geneigt, der Intention des Schöpfers dieser Zeilen zu folgen – allein, will man das auch? Es ist die Reduktion auf das Wesentliche, die hier die Interpretation prägt.

Allzu billig wäre das Ersetzen des „waren" durch „weckten". Also: Wo ist in diesem Satz das Subjekt? Ist es die „Begeisterung"? Das Wort steht im Singular und passt somit nicht zur Verbform im Plural. Demnach müssen es die „Gerichtsverhandlungen" sein. „Die Gerichtsverhandlungen waren große Begeisterung". Hmmm. Das ist wirklich nicht leicht.

Ver-Steinert

Über die pädagogische Klasse der vorgeblich so freien Waldorfschulen lässt sich trefflich streiten, das ist nichts Neues. Bedanken dürfen wir uns etwa bei Paul-Albert Wagemann und Martina Keyser, die mit „Wie frei ist die Waldorfschule?" geradezu einen Klassiker auf diesem Gebiet verfasst haben, der sozusagen von innen heraus die stellenweise verquaste *versteinerte* Pädagogik durchleuchtet.

Da lernt man beispielsweise, dass Rudolf Steiner unter anderem auch Großmeister einer Teufelssekte in England war, was wiederum ein bezeichnendes Licht auf die von ihm initiierte Pädagogik an den Waldorfschulen wirft.

Wir beschäftigen uns hier allerdings weniger mit Pädagogik als mit Sprache, und auch da „glänzt" die Waldorfschule mit ganz eigenem Charme. Jüngst hatte ich etwa das Vergnügen, eine Zeugnisbeurteilung für einen Schüler der siebten Klasse – wohlgemerkt aus dem Jahr 2008 - lesen zu dürfen. Darin heißt es wörtlich:

„Lieber X.,

du bist ein Jugendlicher mit vielen Möglichkeiten, mit vielen Fähigkeiten. Die Gestaltung deines Salatbestecks zeigte mir, welchen Sinn du für die Schönheit hast, ganz aus dir selbst heraus.
Der Arbeitsprozess, das Üben, machte etwas was in dir steckt sichtbar. Du hast dich selbst dieser Möglichkeit geöffnet. Mit Erfolg.
Versuche diesen Weg weiter zu gehen. Du wirst andere Themen finden, die du aus dir heraufholen kannst, ich werde dir gerne immer wieder helfen, dir Anregungen geben.
Ich wünsche dir, dass du in der achten Klasse einiges was in dir steckt heraufholen kannst.
Durch Hinschauen, durch Üben, durch Arbeit. Das ist Interesse. Ich wünsche dir viel Freude dabei. "

Ist doch schön, dass ein Schüler der siebten Klasse schon ein Salatbesteck gestalten kann. Weniger schön ist es, dass seine Lehrerin solche Mühe mit Sprache (besonders mit dem relativen Anschluss) und Zeichensetzung hat, dass man leise Zweifel daran hegen muss, dass ihr Schüler auf *diesem* Gebiet auch Fortschritte macht.
„...etwas was in dir steckt" (...) *„einiges was in dir steckt"* Hoffentlich schreibt der Junge besseres Deutsch.

Passiertes Passiv

Wilfried Scharnagel ist ehemaliger Chefredakteur des „Bayernkurier" und insoweit adäquater Gesprächspartner, wenn es um Franz Josef Strauß geht und wenn man weiß, dass der Bayernkurier so etwas wie Straußens Hauspostille zu dessen Lebzeiten war. Nun hat sich kürzlich bekanntlich das Ableben des Ex-Ministerpräsidenten und Verteidigungsministers zum 20. Male gejährt, Anlass für eine Fernsehsendung, an der auch Herr Scharnagel teilnehmen durfte. Dabei gab er Folgendes von sich:

„Wenn wir spazierengingen und an ein Mahnmal – aus dem Ersten oder Zweiten Weltkrieg – kamen, dann wurde er sofort ernst und nachdenklich und sagte etwa: ‚Das, was dem deutschen Volk da passiert worden ist, darf sich nicht wiederholen.'"

Frauenhandball in Reinkultur

Ein Freudscher Verschreiber unterlief der Sportredaktion des sh:z am 24. März 2009 in ihrer Berichterstattung über die Handballspiele der Landesliga Nord der Frauen. Ein einziger falsch gesetzter Buchstabe offenbarte Abgründe im Denken des wohl männlichen Verfassers dieses Berichts.

Zur Erklärung sei vorangestellt, dass es beim Verein IF Schleswig eine Spielerin des Namens Schwarzlos gibt. Aber der geneigte Leser mag den Fehler hier vielleicht einmal selbst suchen – hier sind die Torschützinnen aus dem fraglichen Spiel:

„HKUF Harrislee: Jürgensen (5), Grünau (5), Bischoff (4), Matzen (3), Ihle (2) und Grete (1). – Schleswig IF: Feddersen (8), Kuhnt (5), Lübker (4), Schwanzlos (2), Grabosch und Christiansen (je 1)."

Diesen Elfmeter musste ich doch einfach nutzen – oder etwa nicht?

Der oder die Herzblatt?

Auf seiner „Herzblatt"-Seite präsentiert das Wochenblatt „Wochenschau" seit geraumer Zeit seinen „Single der Woche". Das ist schön. Weniger schön ist die Tatsache, dass dort auch Menschen erstaunlich unsicher geschlechtlich einsortiert werden. Sonja beispielsweise, die dort erscheint, ist laut Foto deutlich als Frau erkennbar. Der Text jedoch…

„Die im Zeichen des Steinbock Geborene ist 1,80 m groß, hat blau-grüne Augen und blonde Haare. Wer ihn kennenlernen möchte, schreibt einfach an (…)"

Sterbliche Überreste

Eine Radiomeldung vom 28.05.07 besagte, dass die Leiche eines Kindes im Harz gefunden worden sei. Weiter hieß es, die sterblichen Überreste würden irgendwohin überführt. Hmmm. Polizeideutsch, und diesem entstammte ja wohl zumindest ein Teil der Radiomeldung, ist ja so ein Thema für sich mit all seinen verschrobenen Partizipialkonstruktionen und wunderlichen Begrifflichkeiten. Hier finden wir jedoch ein klassisches Beispiel für das auch sprachlich tief verwurzelte christliche Denken in Deutschland.

Natürlich weiß ein Journalist, dass er nicht beständig das Wort „Leiche" wiederholen sollte. Also bemüht er sich, es durch ein inhaltsgleiches zu ersetzen. „Leichnam" wäre eine Alternative, klingt aber noch zu lautähnlich. „Toter Körper" ist irgendwie zu wissenschaftlich, zu roh, klingt so nach Tierkörperverwertungsanstalt, ohne Mitgefühl.

Für „die Tote/den Toten" gilt Nämliches. „Verstorbene/r" ginge sicherlich, wenn es sich hier nicht vermutlich um ein Gewaltverbrechen handelte. Und dann wäre das Kind eben nicht einfach nur verstorben, sondern gewaltsam ums Leben gekommen. Dennoch würde auch „Ermordete/r" nicht passen, weil dies aus polizeilicher Sicht halt noch nicht erwiesen ist.

Aaaaaber – da gibt es ja noch den edlen Sprachgebrauch, wenn ein Papst, König oder ähnlich hochrangige Persönlichkeiten zu Tode kommen. Dann werden schließlich die „sterblichen Überreste" nicht etwa (siehe Polizeideutsch!) verbracht, gefahren, gebracht oder gar geliefert, sondern überführt. Sterbliche Überreste – ist das nicht in sich schon widersprüchlich? Zunächst mal legt das Wort „Überreste" auf jeden Fall nahe, dass da vorher mehr gewesen sein muss.

Lassen wir hier einmal die technische Tatsache außer Acht, dass ein länger unentdeckt liegender Körper schon durch Verwesung und möglicherweise auch durch Tierverbiss „weniger" wird, dann müssen wir außerdem noch berücksichtigen, dass auch schon ein gerade eben verstorbener Papst trotz noch vollständigen Körpers nur mehr sterbliche Überreste ist. Was also fehlt denn nun bei den Resten? Klar ist, dass nach christlichem Glauben soeben die Seele den Körper verlassen hat und (hoffentlich!) gen Himmel gefahren ist. Das mag nun auch bei dem vermutlich doch wohl christlich getauften Kind der Fall sein.

Behalten wir aber einmal das Klischee vom Radiojournalisten als aufgeklärtem Großstadtmenschen (vermutlich aus steuerlichen Gründen aus der Kirche ausgetreten) im Auge, dann stellt sich doch wohl die Frage, wie er oder sie dann dazu kommt, diesen christlichen Edel-Sprachgebrauch in seine Meldung einzubauen? Reine Unwissenheit? Oder ist es nicht vielmehr auch hier wieder ein – wenn auch nur leicht – schlampiger Umgang mit dem Kulturgut deutsche Sprache?

Zurück zu den „sterblichen Überresten" und ihrer Widersprüchlichkeit: Wir alle sind sterblich, wie alles Leben auf diesem Planeten. Uns gönnt unsere Biologie, wenn wir nicht von Gott sprechen wollen, bei natürlichem Verlauf etliche Jahrzehnte Leben, manchem auch ein Jahrhundert, das ist Fakt.

Was aber sind sterbliche Überreste? Wir sprechen hier von einem toten Menschen. Der ist nicht mehr sterblich, der ist bereits tot. Sterblich ist in meinen Augen jemand, der lebt, wie ja auch der Begriff „unsterblich" nahe legt. Da kann jemand oder etwas nicht sterben, im Fall von „sterblich" kann man also noch sterben. Da wäre es doch wohl nur konsequent, nicht etwa von „sterblichen" sondern von „gestorbenen" Überresten zu sprechen, wenn man dieses christliches Denken implizierende Wort denn nutzen will.

„Sterbliche Überreste" – klänge da nicht „totes Kind" oder meinethalben „das vermutliche Mordopfer" etwas präziser?

Fußball-Weisheiten

„Ich sehe in der Bundesliga Spieler, denen springt beim Stoppen der Ball weiter vom Fuß, als ich ihn jemals schießen konnte."
(Horst Köppel)

„Nein, die spielen immer mittwochs, da habe ich keine Zeit."
(Paul Steiner auf die Frage, ob die Nationalmannschaft für ihn ein Thema sei)

„Hass gehört nicht ins Stadion. Solche Gefühle soll man gemeinsam mit seiner Frau daheim im Wohnzimmer ausleben."
(Berti Vogts)

Kriegsschauplatz Apostrophierung

(aus dem Erstling „Die Sprachpanscher")

Der Fall der Mauer führte folgerichtig zum Beitritt der sogenannten fünf neuen Länder, der fälschlicherweise ja auch gerne als „Wiedervereinigung" bezeichnet wird. „Wiedervereinigung" von was denn, bitteschön? Deutschland in den Grenzen von 1937, wie es die Schulatlanten in meiner Jugendzeit gern postulierten? Wiedervereinigung des alten Preußens gar? Dann hätte ja in Konsequenz auch Schleswig-Holstein bis nach Hamburg-Altona hin wieder zu Dänemark gehen können oder müssen, je nach Auslegung und Datierung der preußischen Außengrenzen, versteht sich.

Bei viel gutem Willen könnte man den Beitrittsvorgang allenfalls noch als Zusammenschluss zweier sich als deutsch bezeichnender Nationen bezeichnen.

Aber das soll hier gar nicht das Thema sein. Vielmehr hatten doch rund vier Jahrzehnte SED-Herrschaft in der DDR einen ganz eigenwilligen Sprachgebrauch hinterlassen.

Das ist bekannt, und inzwischen weiß wohl auch jeder „Wessi", dass mit „Broiler" ein Hähnchen gemeint ist, oder mit „Jahresendflügelfigur" das östliche Gegenstück zum westlichen Weihnachtsengel. Wobei Letzteres durchaus auch der bevölkerungsimmanenten Sprachironie der DDR-Bürger zu verdanken sein könnte.

Schlimmer für unseren Sprachgebrauch ist jedoch die Tatsache, dass eine ganze Generation in der DDR aufgewachsene und dort nach DDR-Lehrplan beschulte Deutsche bis zum Mauerfall praktisch kaum mit der englischen Sprache in Berührung gekommen ist.

Insoweit noch kein Beinbruch, meinen Sie? Das sehe ich ganz anders! Ein Großteil der ehemaligen DDR-Bevölkerung vereinnahmt den Begriff „Sächsischer Genitiv" allzu bereitwillig, ja vorsätzlich. Eigenwillig. Der ist nämlich keineswegs eine DDR-Erfindung, wie der Name vielleicht implizieren könnte, sondern wir haben ihn den unter anderem aus Schleswig-Holstein nach England übergesiedelten Angelsachsen zu verdanken.

Folglich durfte ich ihn im gymnasialen Englischunterricht als „Saxon Genitive" kennen lernen. Und nur dort, also in der englischen Sprache, hat er wirklich eine Daseinsberechtigung. Im deutschen Sprachraum wurde er hingegen mit der Reform der deutschen Rechtschreibung von 1901 abgeschafft, und nur noch dort angewendet, wo er in Titeln oder Namen, wie etwa „Brehm's Tierleben" so etwas wie Markenschutz genoss.

Nachdem nun unsere nach Westen strömenden Ost-Mitbürger hier oft mit halbwegs korrekten, weil dem Englischen entlehnten, Apostrophierungen nach dem Muster „Mike's Shopping Mall" konfrontiert wurden, liefen sie in Scharen zum ihrer Meinung nach korrekten Sprachgebrauch mit Hilfe des Apostrophs (sic!) über. „Inge's Schnellimbiss", „Peter's leckere Würstchen" – brr, da schüttelt's (sic!) mich nach wie vor!

Aber es kam noch schlimmer: Die DDR-Apostroph-Invasion mutierte zur Inflation. Jetzt gab es kein Halten mehr – „Auto's" wurden verkauft, „Jung's" und Mädchen angeschrieben; ach, es war und ist ein Graus! Wenn ich drei Wünsche bei der viel zitierten guten Fee frei hätte, dann wäre deren einer des Inhalts (sic!), dass jeder überflüssige Apostroph aus der deutschen Sprache verschwände.

Ein frommer Wunsch, wie die folgenden Bilder zeigen…

(Quelle: koloradokaefer.de)

Deppenapostroph

Über die ausgesprochen kreative Art, in der heutzutage mit dem Genitiv umgegangen wird, habe ich mich schon weiter oben ausgelassen. Der Sächsische Genitiv (sic!) wird ja im Deutschen im Grunde genommen gar nicht verwendet, allenfalls, um bei möglichen Missverständnissen eine Verdeutlichung herbeizuführen.

So wäre beispielsweise „Carlo's Café" eine Möglichkeit, der drohenden Verwechslung der Eigennamen Carlo und Carlos zu vermeiden. Leider aber bleiben insbesondere unsere östlich der Elbe angesiedelten Landsleute hartnäckig bei ihrer Variante des Genitiv's, Entschuldigung, Genitivs.

Hier ein paar Fundstücke aus dem Internet:

(Quelle: www.deppenapostroph.de)

(Quelle: www.deppenapostroph.de)

Für Nichtabiturienten: Deutsch-LK bedeutet Deutsch-Leistungskurs…

(Quelle: www.deppenapostroph.de)

Das sind noch ganz gewöhnliche Fälle, meinen Sie? Na gut, eine Steigerung ist natürlich ohne weiteres möglich:

(Quelle: www.vereinsforum.net)

Und es geht nicht nur mit dem „s":

(Quelle: www.deppenapostroph.de)

(Quelle: www.deppenapostroph.de)

(Quelle: www.deppenapostroph.de)

Fußball-Weisheiten

„Das war Not gegen Elend. Jetzt muss nur noch geklärt werden, wer was war."

(Thomas Meggle)

Und nun, liebe Leser, halten Sie sich fest. Es folgt die ungekrönte Königin des Deppenapostrophs:

(Quelle: www.deppenapostroph.de)

Fußball-Weisheiten

„Die Situation ist aussichtslos, aber nicht kritisch.“
(Stefan Effenberg)

„Wenn ich übers Wasser laufe, dann sagen meine Kritiker, nicht mal schwimmen kann er.“ *(Berti Vogts)*

„Zu 50 Prozent stehen wir im Viertelfinale, aber die halbe Miete ist das noch lange nicht!“
(Rudi Völler)

Fernsehen kann bilden. Wenn man denn die richtigen Sender findet. So gibt es einige öffentlich-rechtliche Kandidaten, die in aller Regel eher intelligente Beiträge zeigen. Eher weniger intelligent ist hingegen die Berichterstattung des Bezahlsenders „Premiere" (heute „Sky"), der ja allerhand teure Anstrengungen unternimmt, um die Ware Fußball endgültig einer höchst kommerziellen Verwertung zuzuführen.

So demonstrierte ein mir namentlich leider nicht mehr bekannter Reporter des Senders am 5. Oktober ein großes Fabuliertalent. Im Rahmen der Bundesliga-Liveberichterstattung des Spiels FC Schalke 04 gegen den VfL Wolfsburg glänzte der Journalist mit dem folgenden Zitat:

„Farfan (gemeint ist ein Fußballspieler der Schalker, Anm. d. Verf.) *kann auch nicht die Antwort auf alle Lösungen sein."*

Was immer er damit auch gemeint haben wird – Recht hat er vermutlich.

Fußball-Weisheiten

„Ich bleibe auf jeden Fall wahrscheinlich beim KSC."
(Sean Dundee)

„Vom Feeling her hatte ich ein gutes Gefühl!"
(Andreas Möller)

„Man hetzt die Leute auf mit Tatsachen, die nicht der Wahrheit entsprechen."
(Toni Polster)

Fleißiger Jazzfreund

Dieter Ruge ist so etwas wie eine Leserbrief-Legende. Wann immer im Großraum Schleswig eine Veranstaltung aus dem Jazzbereich stattfindet, Herr Ruge ist dabei. Dann lässt er es jedoch nicht dabei bewenden, die jeweils Konzertierenden bei ihrem Auftritt zu bejubeln und sich anschließend an der entsprechenden Zeitungskritik zu erfreuen. Nein, man kann geradezu seine Uhr danach stellen, dass im Anschluss an die Veranstaltung in der „Schleswiger Nachrichten" noch ein Rugescher Jubel-Leserbrief erscheint.

Auch „Flensborg Avis", die Zeitung der dänischen Minderheit in Südschleswig, profitiert von dem fleißigen Jazzfreund, so am 22. Oktober 2008, als Ruge dreieinhalb Wochen nach dem Ereignis noch einmal einen Auftritt der dänischen Schlager- und Jazzlegende Gitte Haenning sowie die Berichterstattung des „Avis" darüber bejubeln durfte und dabei sogar noch einen acht Jahre zurückliegenden Besuch der Sängerin in der schönen Schleistadt auf den Tag genau ins Spiel brachte.

„Sie bereicherten Schleswigs Blumenwelt (gemeint ist die Landesgartenschau 2008, Anm. d. Verf.), *das als schöne Erfolgsstory in die Geschichte eingehen wird."*

Ich bekenne: Ich bin heterosexuell!

Und wenn wir nun schon bei geschlechtlichen Einsortierungspraktiken sind, dann wollen wir uns natürlich auch den immer mehr um sich greifenden „Coming Out-" bzw. „Outing"-Fällen widmen. Es begann irgendwann vor ein paar Jahrzehnten mit Menschen - zumeist aus der Künstlerbranche - wie etwa Rosa von Praunheim oder Elton John, die sich öffentlich zu ihrer Homosexualität bekannten.

Auch die von mir bereits in epischer Breite in „Rettet der Deutsch!" gewürdigte Hella von Sinnen gehörte dazu, desweiteren noch etliche andere Prominente, die dank zunehmender Liberalität auf diesem Gebiet eher wenig berufliche und gesellschaftliche Nachteile zu erwarten hatten und haben.

Inzwischen sind ja auch Künstler wie ein Herr namens „Fay Ray" telegen, die sich nicht nur outen, sondern mit solchen Mann-Frau-Schwulen-Klischees auch die überwiegenden Inhalte ihrer Unterhaltungsprogramme bestreiten. Sollen sie; manche ihrer Beiträge sind ja auch tatsächlich witzig.

Aber: Was, bitteschön, bewegt Politiker, sich als schwul zu outen? Ole van Beust hat's getan, Partylöwe Wowereit auch, und Herr Westerwelle erst recht. Ist es die Angst, von Boulevardmedien „enttarnt" zu werden? Sich ob seiner sexuellen Orientierung rechtfertigen zu müssen? In eine Verteidigungshaltung zu geraten?

Ich wünsche mir doch von einem Politiker in erster Linie Folgendes: Er soll seinem Auftrag gemäß im Rahmen seiner Möglichkeiten richtige Entscheidungen zum Wohle seines Volkes treffen. Punkt.

Ob er darüber hinaus mit Männern, Frauen, Hunden, Katzen oder Sofakissen Geschlechtsverkehr betreibt, ist mir erstens völlig egal und zweitens steht dies unter normalen Umständen in keinem Zusammenhang zu seiner Arbeitsleistung als Politiker. Vielleicht aber bringt so ein Outing ja auch irgendwelche Vorteile mit sich, die sich bislang meiner Kenntnis entzogen haben. Alsdann, hier ist mein Coming Out: Ich bin heterosexuell! Das war jetzt irgendwie ganz einfach…

Begrifflich-Keiten

Werbestrategen, PR-Beauftragte, Journalisten oder wer sonst auch immer sich heute zu Wort meldet und glaubt, etwas mitzuteilen zu haben, konstruiert neuerdings *„Begrifflichkeiten“*. Und auch dabei wird wieder fröhlich Sprachpanscherei betrieben.

Etwa, wenn die vielbeschworene *„Funktionalität“* geradezu inflationär auftaucht. Ihre alleinige Funktion (sic!) ist klar erkennbar: Aufbauschen, mehr Schein als Sein, Sprachprotzerei.

Genauso geht es mit etlichen anderen Begriffen. Da sucht man ohne weitere Ursache nach *„Ursächlichkeiten“*, feiert feste *„Festivitäten“*, pestet sich über *„Abnormalitäten“* oder sucht im Globalisierungstaumel nach *„Internationalität“*. Hoffentlich findet das alles bald seine Endität, Entschuldigung, sein Ende. Diese Begriffe wären dann vielleicht die Ursache für internationale Feste und eben nichts Anormales, weil fälschlich, Verzeihung: falsch benutzt.

Satire sucht solide Sottisen

Robert Meyer betreibt eine satirische Internetpräsenz, neudeutsch: Website. Unter http://dummer-weiser-deutscher.de/ gibt er Weisheiten zum Besten, die er nun auch in einem Buch zusammengefasst hat, das er unter „Dummer weis(s)er Deutscher“ bei tredition veröffentlicht hat. Nun hat Satire ja bekanntlich zwei Seiten. Die eine trägt zum Amüsement des Lesers/Zuschauers/Zuhörers bei, indem sie süffisant und locker quasi von oben herab Verhalten und Äußerungen prominenter Menschen unter die Lupe nimmt und durchaus auch kritisch beleuchtet. Das tut Herr Meyer, und er tut das gut. Ich mag das, was er schreibt.

Nur leider gehört auch die zweite Seite zur Satire dazu. Ich muss als Satireautor verbal, grammatisch und auch von der Rechtschreibung her über jeden Zweifel erhaben sein. Ich darf mich nicht angreifbar machen, indem ich gerade dort, wo ich meine „Opfer“ herausfordere, selber Mängel offenbare.

Fußball-Weisheiten

„Ich habe nie an unserer Chancenlosigkeit gezweifelt.“ *(Richard Golz)*

Ärgerlicherweise passiert Robert Meyer genau das. Ich zitiere aus einem fiktiven Brief an Angela Merkel:

„Aber dein Herz schlägt dennoch uns wahnsinnig klugen Ostdeutsche."

Auch bei wiederholter Lektüre will sich mir nicht ganz der Inhalt dieses Zitats offenbaren, das leider nur die Spitze des Mängeleisbergs in Meyers Leseprobe darstellt, die man beispielsweise unter www.suchbuch.de verorten kann. Allzu viele Mängel schmälern den Lesespaß an Meyers Elogen, die inhaltlich viel mehr Resonanz verdient hätten. Schade.

Spam-Fundstück

Wie schön, dass es automatische Übersetzungsprogramme gibt! Im Herbst 2008 erreichte mich die folgende E-Mail:

„Hallo,
Ich habe das Gefühl, dass dieses Stück Mail erreichen Sie in einem perfekten Zustand des Geistes und bessere gesunden Zustand. Ich glaube, und haben auch das Gefühl, dass in der heutigen Welt, weder Rasse, der Staatsangehörigkeit oder der Religion wird nicht mehr Posse ein Hindernis für die Beziehungen.
Obwohl, wir wissen nicht, einander gut, aber ich werde wirklich gern haben Sie als Freund oder Brieffreundschaft vermitteln, wenn das ist besser für euch. Ich bin eine einzige Dame, (senstive in Humor) Ich arbeite in meiner täglichen Aktivitäten, die Liebe zu lesen meine Bücher, ich glaube, ich bin sensibel und freundlich zu Menschen, meine Mutter sagt, dass ich gute suchen und eine gute Betreuung von meinem Körper und mein Aussehen, auch ich glaube, ich habe einen guten Sinn für Humor, Konzerte und ein guter Christ ich auch freuen uns auf einige Informationen über Sie, Ihre Familie, Land und sogar Ihre persönlichen Lebenserfahrungen. Die Möglichkeit, zu wissen, einander besser Grundlage für Ihre Antwort. Mai Gott segne euch, wie ich warten, von Ihnen zu hören bald.
Danke.
Frau Angela"

Fußball-Weisheiten

„Keiner verliert ungern."
(Michael Ballack)

Oliver Landgraf tritt mir zu nahe

Es gibt auch deutsches (deutschen?) Spam, unverlangt zugesandte Emails. Manchmal werden damit auch andere Produkte als Viagra oder Penisverlängerungen beworben. So verdanke ich einer Mail eines Herrn namens Oliver Landgraf von der Internetpräsenz „geld.de" eine spontane Geschlechtsumwandlung:

„Sehr geehrte Frau Jens Petersen,

keine guten Nachrichten für Verbraucher. Seit Jahresbeginn haben viele Energieversorgungsunternehmen Ihre Strompreise erhöht, durchschnittlich um 8,5 Prozent. Mancherorts steigen die Strompreise sogar auf über 20 Prozent. Für einen Vier-Personen-Haushalt, der jährlich etwa 4000 Kilowattstunden verbraucht, muss durchschnittlich von einer Mehrbelastung von etwa 74 Euro ausgegangen werden.
(...)
Weitere Informationen zum Wechsel erhalten Sie hier.

Ihr Oliver Landgraf
Von Geld.de"

Dass ich auf dieses freundliche Angebot nicht eingegangen bin, wird der geneigte Leser sicher nachvollziehen können.

Fußball-Weisheiten

„Jung, ich komm aus Bottrop - da wirsse getötet, wenne datt inne Muckibude machs!"
(Willi Landgraf beim Step-Aerobic-Training)

„Ich habe nie eine Torchance überhastet vergeben. Lieber habe ich sie vertändelt."
(Willi „Ente" Lippens)

„Ich habe es mir sehr genau überlegt und dann spontan zugesagt."
(Toni Polster)

Man sollte schon bis drei zählen können...

E in weiteres Fundstück von der Internetseite www.sport1.de (05.03.2009):

„Beide Trainer mussten in der Partie auf Grund von Verletzungen auf zahlreiche Spieler verzichten. Bei den Hamburgern fehlten mit Guy Demel, Michael Graavgard und Bastian Reinhardt gleich vier etatmäßige Verteidiger. Außerdem wurde Nationalspieler Piotr Trochowski geschont."

Und da behaupte noch einer, nur Fußballspieler könnten nicht zählen.

U nd wenn wir schon bei Fundstücken aus dem weltweiten Netz sind, dann darf uns auch noch die folgende Meldung der Web-Agentur „Shortnews" erfreuen:

USA: Schwestern suchen ihren Bruder

- Er lag 37 Jahre tot im Kühlhaus

„Randell Lee H. wurde ermordet, als Ausreißer deklariert und von der Polizei vergessen, während sein Leichnam seit mehr als drei Jahrzehnten anonym im Kühlhaus ermattete. H. war erst 15 Jahre alt, als er 1971 verschwand. Die Schwestern vermuteten, er war das Opfer eines berüchtigten Serienmörders.

Donna und Lenore, deren Suche nach Antworten endete, als der Körper ihres Bruders schließlich letzten Monat identifiziert wurde, wollten ihm das Gedenken geben, dass ihm 37 Jahre vorenthalten wurde. Beide sind finanziell stark angeschlagen, eine verlor sogar ihr portables Haus bei dem Hurrikan Ike.

Sie möchten seine Asche mit der seiner Mutter in einen See streuen und eine kleine Feier arrangieren. Ein Fonds für Verbrechensopfer wurde kontaktiert, um Kosten und Auslagen, die auf sie zukamen, bezahlen zu können. Doch dieser lehnt Opfer-Zahlungen von Verbrechen ab, die vor 1980 begangen wurden."

Fußball-Weisheiten

„Die Kroaten sollen ja auf alles treten, was sich bewegt - da hat unser Mittelfeld ja nichts zu befürchten."

(Berti Vogts)

Artega ~~v~~fährt ~~f~~voran

A m 20. März 2009 erfreut uns die Auto-Bild, respektive ihr Online-Auftritt, mit einem tollen Foto eines flotten Flitzers aus der Autoschmiede Artega. Da dieser wohl stets voran fahren soll, gönnt uns die Springer-Postille eine interessante Wortschöpfung. Der „Herausvorderer" jedenfalls impliziert ja förmlich schon den Sieg im Duell gegen den Konkurrenten Melkus:

Mitbewerber mit Mittelmotor: Artega GT. Der Melkus-Herausvorderer aus dem westfälischen Delbrück rennt über 270 km/h, wiegt nur 1170 Kilo. Preis: ab 79.990 Euro.

Mehr als einzig?

Das Einzigartigste und Kostbarste auf dieser Welt ist umsonst und doch unbezahlbar.
Wir sind glücklich und dankbar über die Geburt unseres Sohnes und Bruders

Jeppe Bo

28.12.2008 • 4000 g • 52 cm

Bente und **Tim**
mit **Mats**

Ebenfalls freuen sich die Großeltern
Uschi und Gerd U

sowie **Elke und Gerhard**
Lilly

Liebe weiß-der-Geier-wie-stolz-auch-immer-Großeltern und –Eltern dieser Welt, so sehr einzigartig auch immer das Euch geschenkte Würmchen sein mag: „Einzig" ist bereits so etwas wie ein Superlativ, das kann und darf man schlichtweg nicht steigern, und dementsprechend auch damit verbundene Begriffe wie „einzigartig" ebenso wenig. Und „umsonst" wird die Geburt eines Kindes wohl auch nicht gewesen sein, allenfalls für Kassenpatienten kostenlos…

Lob für gutes Deutsch

Andrea Paluch schreibt eine regelmäßige Kolumne im wöchentlich erscheinenden „schleswig-holstein-journal" des sh:z. Die mit dem Grünen-Politiker Robert Habeck verheiratete Paluch soll hier einmal lobend gewürdigt werden: Ihre Kolumne ist intelligent, durchdacht, oft originell und praktisch immer sprachlich ausgefeilt und fehlerfrei.
In der Ausgabe vom 21. März 2009 gönnt sie uns folgende Zeilen, mit denen sie dem Verfasser dieser Zeilen aus dem Herzen spricht:

„Mein Lieblingsspruch bei Fußball-Übertragungen ist: ‚Der Pfosten hat gerettet', als ob ein Pfosten sich bewegen könnte oder tatsächlich eingreifen kann. (…) Diese aber wird im Handball noch überboten, indem ich bei einer Reportage jüngst den schönen Satz aufschnappen durfte ‚Knapp vorbei getroffen.' (…) ‚Vorbei ist das eine, ‚getroffen' das andere. Beides zusammen ist eine neue Logik (…)"

Weiter geht's dann mit einer Definition eines technischen Fehlers, aber beim *Vorbeitreffen* ist Frau Paluch auf halbem Wege stehen geblieben, hat sie doch nicht die Gelegenheit genutzt, eine weitere beliebte Reporterfloskel zu entlarven:

„Da hat er knapp vorbeigezielt."

Viel zu oft musste ich mir schon diese und ähnliche Formulierungen anhören, bzw. –sehen. Ein Schütze, egal, ob bei Ballsportarten, beim Schießen oder beim Biathlon, zielt nun mal klar *auf* das Ziel und nicht daneben. Schließlich versucht er doch zu treffen, oder etwa nicht?

Fußball-Weisheiten

„Das muss man verstehen, dass er Schwierigkeiten hat, sich einzugewöhnen. Er ist die deutsche Sprache noch nicht mächtig."
(Jürgen Wegmann)

Boote auf der Brücke...

(aus dem Erstling „Die Sprachpanscher")

Zitieren wir hier einmal aus der Wikipedia: *"Unter dem Begriff **Barke** versteht man ein mastloses Boot. Im weiteren Sinn wird das Wort überhaupt für alle kleineren Wasserfahrzeuge benutzt."* Punkt.

Aber hier belehrt uns das Heimatblatt des Verfassers dieser Zeilen eines Besseren. In der Ausgabe vom 4. Dezember 2007 berichtet die "Schleswiger Nachrichten" über eine Brückenreparatur. Der Text des Autors "rn" (Torge Rühmann?) erfreut uns mit folgender Feststellung:

"Rot-weiße Barken lassen auf der Hasselholmer Brücke den Autofahrern nicht viel Platz." Hach, da kommt ja regelrechtes venezianisches Flair auf - und nicht etwa unter - der Brücke auf! Ich sehe sie vor mir, die Barken, wie sie auf der (gefluteten?) Brücke gemütlich vor sich hin schippern...

Bemühen wir nochmals die Wikipedia:

*"Mit Leit**baken** oder Warn**baken** wird auf Hindernisse in der Fahrbahn, wie beispielsweise Verkehrsinseln, hingewiesen oder im Baustellenbereich die Verkehrsführung verdeutlicht."* Auch in der Schifffahrt, so heißt es weiter, würden Baken benutzt.

Wie schon so oft erlebt, dürfte hier der Autor nicht den Tücken, wohl aber den Fallen der Technik aufgesessen sein.

Moderne Textverarbeitungsprogramme wie Microsofts "Word" bieten ja automatische Rechtschreibkorrekturen an. Diese aber funktioniert nur, sofern das interne Wörterbuch das betreffende Wort nicht kennt. Und genau das ist hier offensichtlich nicht der Fall gewesen, denn sowohl die Bake als auch die Barke sind schließlich durchaus geläufige Begriffe in der deutschen Sprache. Zumindest das Wasserfahrzeug scheint jedoch dem Autor des Artikels nicht bekannt zu sein, denn die Barke taucht hier mehrmals auf. Schiff Ahoi!

Original und Fälschung

Und um nicht vollkommen der Regionalbrille geziehen zu werden, habe ich hier noch zwei hübsche Beispiele aus der alten Hauptstadt zu bieten:

Der Bonner Generalanzeiger berichtet am 07. Januar 2009 über die Band „Mayqueen". Autor Stefan Barz schreibt da, die Band habe sich bereits dreimal neu "formatiert". Außerdem besitze Herr Sädler, Gitarrist der Band, das "original Gitarrenmodell" von Brian May. Ob Herr May mir wohl etwas überweist, wenn ich ihm verrate, wo er seine Gitarre abholen kann?

Und Anfang Februar glänzt die Bonner Antwort auf den „Spiegel" mit der Auskunft, dass Magdeburg die Hauptstadt von Thüringen sei.
Mein Dank gilt an dieser Stelle Herrn Planetfall von www.kultboy.com, der mich auf diese Entgleisungen aufmerksam machte.

Amtsschimmeleien

Jetzt heißt es ganz stark sein, lieber Leser, denn hier wiehert einmal mehr der Amtsschimmel. Aus den unendlichen Weiten des Internets flogen mir einige Schmankerl zu, die ich Ihnen nicht vorenthalten möchte, zumal gerade auf dem Beamten- und Verwaltungssektor quasi schon traditionell Sprachpanscherei betrieben wird. Viel Spaß bei der Lektüre!

Anständige Bäuerin

Bürgermeisteramt
Langenbrücken/B.

-7. Okt. 1923

Behördliche Beglaubigung:

Das Bürgermeisteramt bestätigt hierdurch, daß die Bäuerin

Mathilde M o c h

von Ratten befallen ist. Da dieselbe einen anständigen Lebenswandel führt, kann man ihr Gift geben.

Urban Bender
Bürgermeister

1/2 th Rattferrex verabfolgt:
-9. Okt. 19..

Wenn schon betrunken,
dann aber pünktlich!

Öffentliche Bekanntmachung
für
Stellwerk VI.

Der Hilfsbetriebsassistent
Ludwig H u b e r
wird in eine Geldstrafe
von
2 Mark
genommen, weil er statt um
6 Uhr um 8 Uhr betrunken
zum Dienst erschienen ist.

Der Bahnhofvorsteher

Josef Läufenber

Eindruck im Minus?

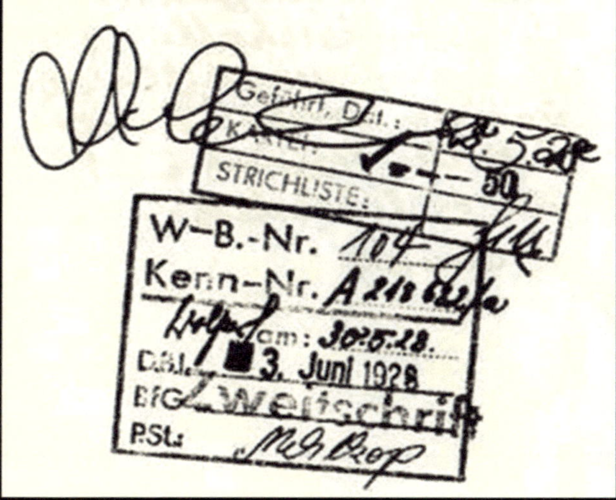

Babys müssen pünktlich sein.

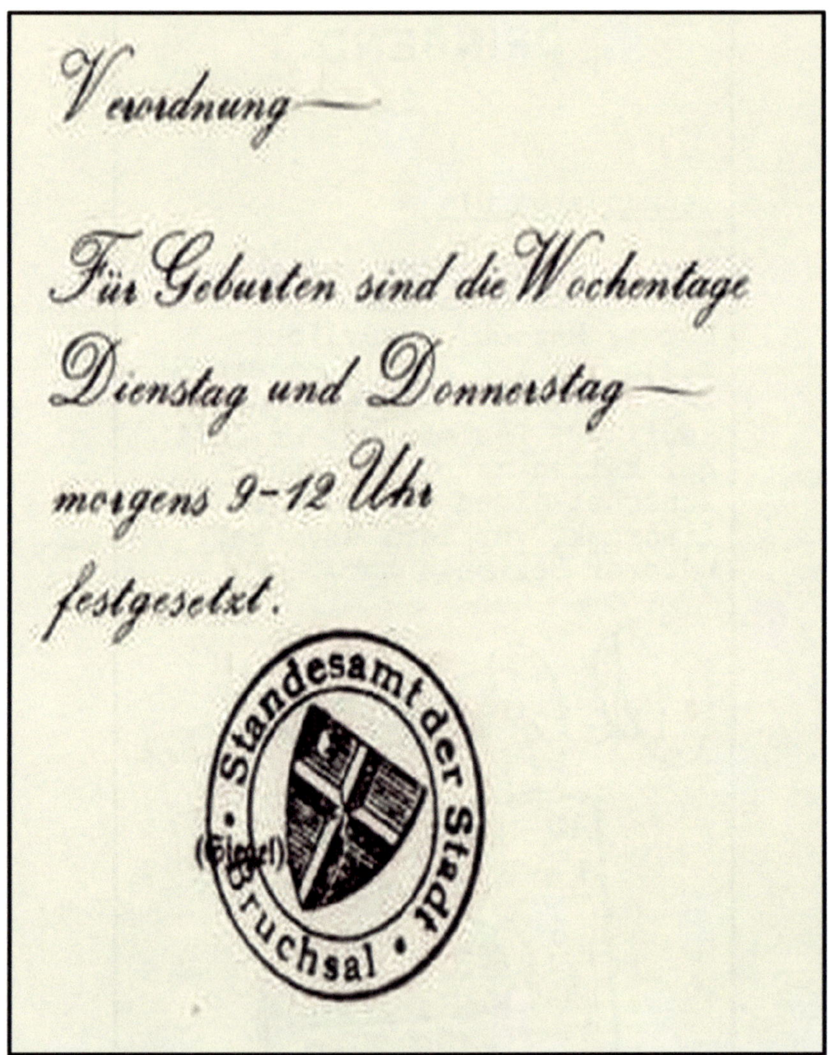

Ende mit Schrecken

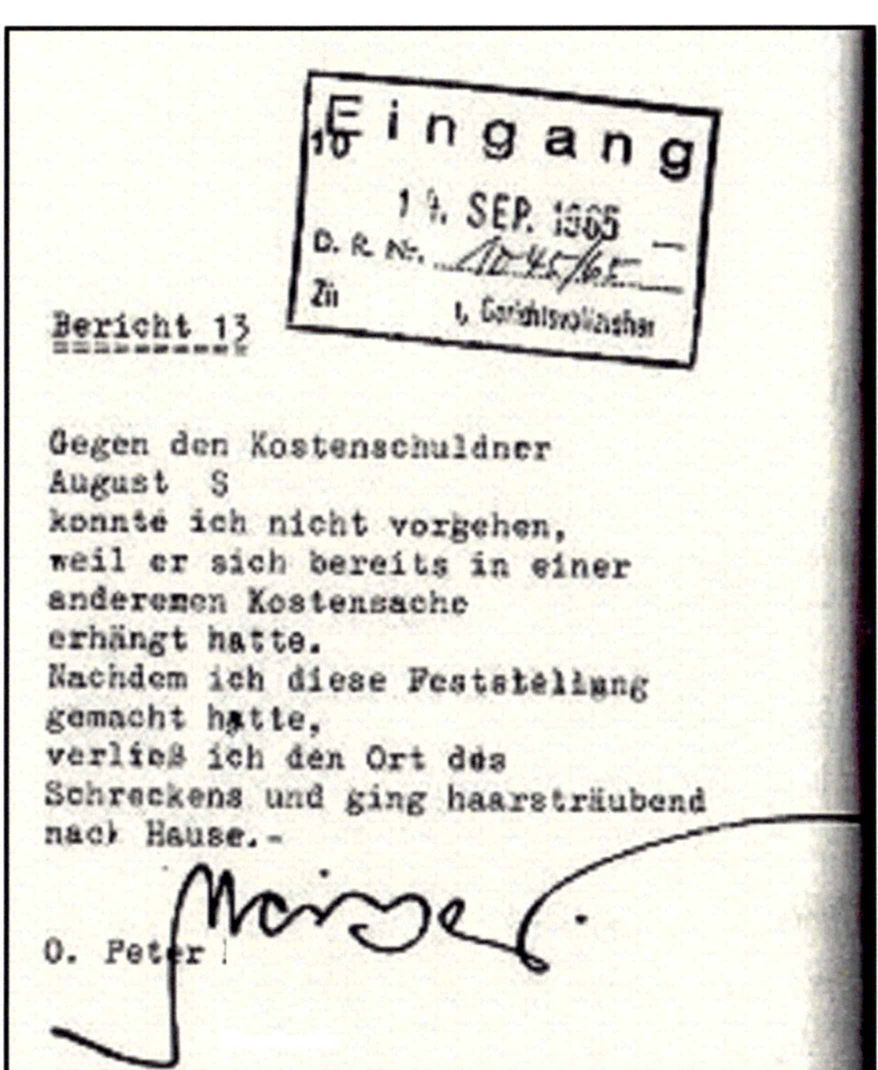

Eingang
14. SEP. 1965
D. R. Nr. 1045/65 —
Zu   b. Gerichtsvollzieher

Bericht 13

Gegen den Kostenschuldner
August S
konnte ich nicht vorgehen,
weil er sich bereits in einer
anderen Kostensache
erhängt hatte.
Nachdem ich diese Feststellung
gemacht hatte,
verließ ich den Ort des
Schreckens und ging haarsträubend
nach Hause.-

O. Peter!

Eine Séance?

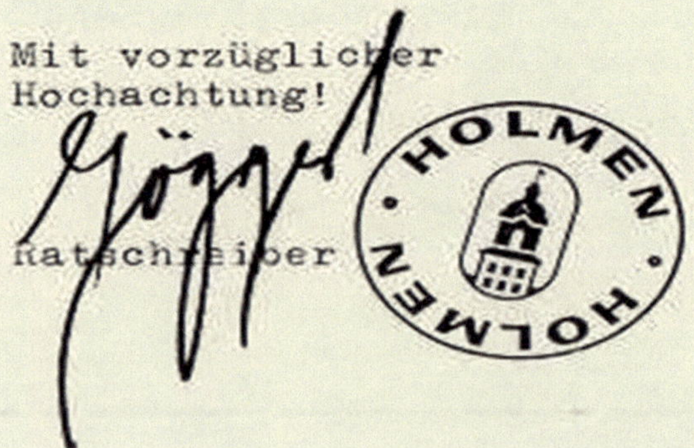

Holmen, 21.2.1926

Aktenzeichen: G 146 a

Sehr geehrte Frau Weinerl!

Wir teilen Ihnen mit, daß die
Grabstätte neben Ihrem im
Jahre 1911 verstorbenen Ehe-
mann anderweitig besetzt wird.
Wir bitten Sie höflichst,
Ihren Gatten hiervon in
Kenntnis zu setzen.

Mit vorzüglicher
Hochachtung!

Ratschreiber

Man sreibt Deutsh.

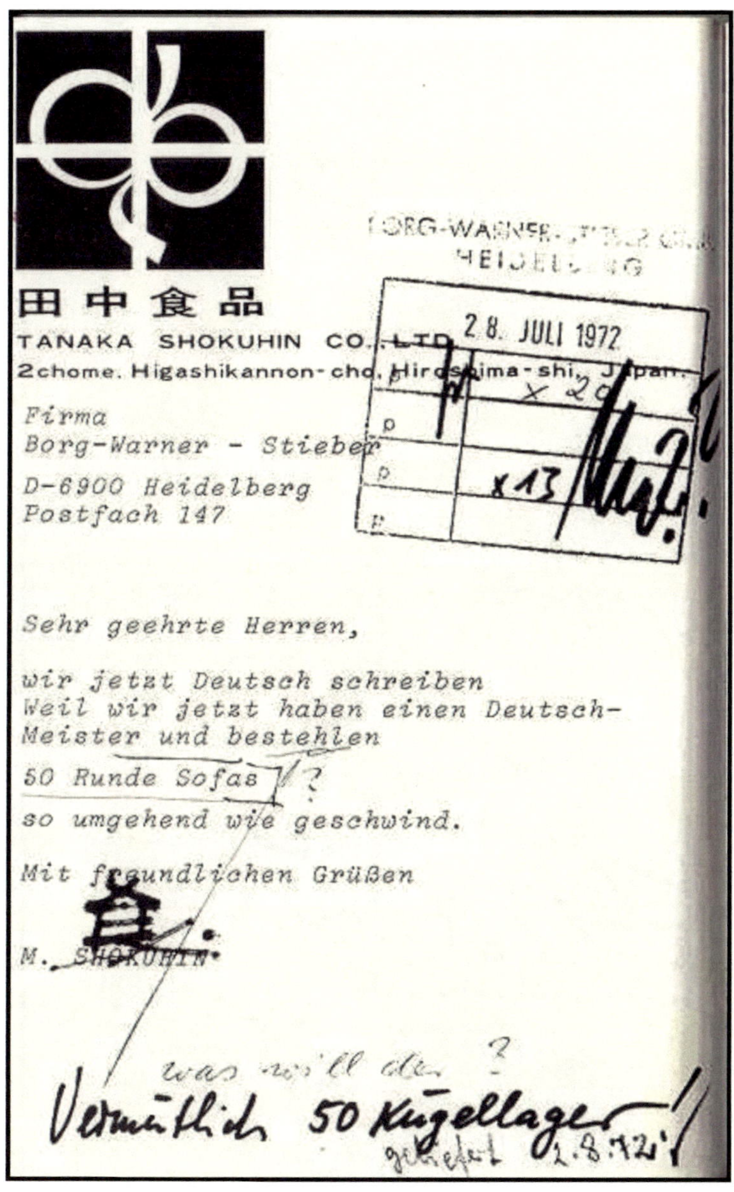

田中食品

TANAKA SHOKUHIN CO., LTD
2chome. Higashikannon-cho, Hiroshima-shi, Japan.

Firma
Borg-Warner - Stieber
D-6900 Heidelberg
Postfach 147

Sehr geehrte Herren,

wir jetzt Deutsch schreiben
Weil wir jetzt haben einen Deutsch-
Meister und bestehlen
50 Runde Sofas /?
so umgehend wie geschwind.

Mit freundlichen Grüßen

M. SHOKUHIN.

Zeitlos glücklich

Sehr geehrter Herr Monsch!

Auf Ihren Brief hin teilen wir Ihnen mit, daß unsere Rathausuhr r e g e l m ä ß i g geht. Es fehlen nur die Zeiger!

Mit vorzüglicher Hochachtung!

Ratschreiber

www.Fundbüro.de

(Quelle: aol.de, 15.11.08)

Da haben wir ihn wieder, den einen Buchstaben, der den Sinn dramatisch verändern kann. Dem Vernehmen nach sollen beide Spieler das Spiel jedoch lebend überstanden haben. Außerdem ärgerlich: Das Bild zeigt nicht Philipp Lahm, sondern Miroslav Klose.

Fußball-Weisheiten

„Ich hab 'ne Oberschenkel-Zerrung
im linken Fuß."
(Guido Buchwald)

(Quelle: Supermarkt)

Nicht nur in Druckwerken, auch in Supermärkten wird zunehmend auf eine präzise Ausdrucksweise geachtet…

Bei GMX.de wird Sie am 14.Oktober 2008 geholfen. Oh je…

"Workaholic": Wenn die Arbeit süchtig macht, kann Ihnen das sogar den Job kosten

Zuviel Arbeit, zu wenig Zeit - deshalb arbeiten viele Mitarbeiter am Wochenende und in der Freizeit weiter. Oft mit fatalen Folgen. mehr

Und gleich nochmal GMX – ohne weiteren Kommentar:

Ingrid Bergman im Dschungelcamp?

G esehen bei shortnews.de am 11. Januar 2009. Ein Kommentar erübrigt sich wohl…

11.01.09 09:43 Uhr   News-ID: 745381   1.443

Lorielle London zeigte viel Brust im Dschungelcamp-Outfit

Als Lorielle London ihr Dschungelcamp-Outfit anprobierte war sie zunächst etwas besorgt, da sie ihre Shorts nicht finden konnte.

Die langen Hosen fand sie nicht sexy genug, während Ingrid Bergmann meinte, dass doch alle Klamotten da wären.

Lorielle London hatte sich ihr T-Shirt zusammen geknotet und man konnte ein bißchen was von ihrer Brustwarze sehen.

WebReporter: pottschalk
Quelle: promipranger.joinr.de

Abonniere jetzt den kostenlosen ShortNews RSS Feed.

Rubrik: Entertainment / Prominente / Sonstiges

Gesehen bei trade4less.de am 26. April 2009:

Eigentlich ein sicher schönes und noch dazu preisgünstiges Gerät, das sich allerdings wohl eher nicht besonders gut verkauft haben dürfte, angesichts der geringen Unempfindlichkeit.

Politgekasper

H elmut Kohl ist wohl 1982 der Urheber dieses Ausspruchs gewesen. Kurt Beck (wer war *das* noch gleich?) hat es gesagt, Gerhard Schröder d. Jüngere (bekanntlich gab es da ja früher schon einmal einen Außenminister, der von Adenauer geduldet wurde) hat es gesagt, auch Angela Merkel erfreute uns bereits damit – und die in jüngster Zeit angesichts der Finanzkrise mit ihren Forderungen nach Neoliberalismus erstaunlich still gewordenen Liberalen hatten es gar zum Motto erkoren:

„Leistung muss sich wieder lohnen.“

www.welt.de, 19. August 2006, 00:00 Uhr

„Leistung muss sich wieder lohnen“

Parteichef Kurt Beck auf den Spuren eines seiner Vorgänger als Ministerpräsident von Rheinland Pfalz: In einem Beitrag zur Programmdebatte seiner Partei bedient er sich eines Slogans, den Helmut Kohl (CDU) 1982 gegen die SPD gerichtet hatte.

Aus einer Rede von Bundeskanzlerin Angela Merkel „Deutschland dienen - ethische Grundsätze politischen Handelns" anlässlich des 60. Bestehen des Rheinischen Merkurs am 13. Juni 2006 in Königswinter

„Deshalb ist es beispielsweise richtig, mit der Senkung der gesetzlichen Lohnzusatzkosten die Nettoeinkommen zu erhöhen und Belastungen von Arbeitgebern zu verringern oder Korrekturen bei bestimmten Gesetzen, z. B. Hartz IV, vorzunehmen. So verschaffen wir einem unverzichtbaren Grundsatz wieder Geltung. Er lautet: Leistung muss sich wieder lohnen, damit Solidarität in der Gesellschaft möglich ist."

Kleine Randbemerkung: Dass Frau Merkel die hier wohl eher im Mittelpunkt stehende Gewinnmaximierung der Arbeitgeber höflich mit der „Verringerung ihrer Belastungen" umschreibt, macht die Kanzlerin fast schon sympathisch.

Der Lieblingsslogan der Fraktion Westerwelle ist inzwischen ebenfalls der, dass „Leistung sich wieder lohnen muss". Gemeint ist damit: Wir wollen nichts abgeben, die Steuern sollen möglichst niedrig sein, denn wenn jeder an sich denkt, ist an alle gedacht. Dann klappt's auch mit der Marktwirtschaft.

Die FDP fordert „mehr Leistungsbereitschaft", will sagen, dass die (gemeint sind natürlich in erster Linie Sozial-)Leistungen gekürzt werden sollen. „Mehr Eigenverantwortung" meint, der Staat und die Mitmenschen sollen sich aus der Verantwortung zurückziehen.

Das ist das Langweilige an der FDP: Keine Partei, die von der überwiegenden Mehrheit in Deutschland als demokratisch irgendwie verortet wird, ist so plump, so einfallslos, so politisch eingleisig und so dreist. Darum ist sie inzwischen allen wurscht, sogar den Porschefahrern.

Warum kommt sie aber dann in Umfragen im Jahre 2009 auf Werte von nahezu 18 Prozent? Das ist nicht durch ihre Qualität erklärbar, sondern resultiert allenfalls aus der politischen Tölpelhaftigkeit der schwarz-roten Regierungsparteien (Ypsilanti-Syndrom) und wohl auch der steigenden Wahlverweigerung demokratisch denkender Menschen.

Fußball-Weisheiten

„Vom Feeling her hatte ich ein gutes Gefühl!"
(Andreas Möller)

„Wir Schwatten müssen doch zusammenhalten!"
(Anthony Baffoe nach Gelber Karte zum Schiri)

Auch Ex-Kanzler Schröder hat die Leistungs-Parole ausgegeben, die seine Genossen, die Bosse, nun unablässig auf Sitzungen, Konferenzen und in den Medien wiederkäuen. Wiederkäuen ist bekanntlich eine Tätigkeit, an der der Verstand keinen Anteil hat.

Doch wenn viele Wiederkäuer zusammenkommen und die Lautstärke der von ihnen hervorgebrachten Geräusche zudem durch das Echo der Medien vervielfacht wird, dann erzeugen sie gemeinsam eine Wand aus Lärm, die die Stimme der Vernunft erfolgreich abblockt.

Einer bestimmten Personengruppe kommen derlei Parolen gerade recht, finden sie darin doch eine Rechtfertigung für ihr Credo „Ich verdiene viel, also ist meine Leistung mehr wert als die derjenigen, die weniger verdienen, ergo habe ich ein Recht auf bevorzugte Behandlung."

Der Vernunft sind derartig tumbe Parolen ebenso wesensfremd wie die gleichermaßen engstirnigen Schlussfolgerungen. Der vernunftbegabte, also denkende, Mensch kann nicht anders, als derlei Äußerungen zu hinterfragen: Was ist Leistung? Welchen Wert hat eine Leistung? Was bedeutet „sich lohnen"?

Lohnt es sich, Großbanken mit wilden Börsenspekulationen dermaßen an die Wand zu fahren, dass tatsächlich der Staat, also der Bürger, also Menschen wie Du und Ich, plötzlich mit aberwitzigen Geldbeträgen in die Bresche springen müssen? Wo ist die angebliche Leistung eines Managers, der Milliardenbeträge verzockt und ganz nebenbei noch Tausende von Arbeitsplätzen vernichtet und sich nach einem wohl-eher-Gefälligkeitsurteil grinsend in seine Villa am Gardasee zurückzieht?

Vergleichen wir einmal: Ein mittlerer Manager in der Automobilindustrie arbeitet vielleicht 12 Stunden am Tag, zum Teil auch am Wochenende. In der Arbeitszeit sind Arbeitsessen ebenso enthalten wie Dienstreisen. Die Aufgabe des Managers besteht darin, möglichst viele Geräte zur Zerstörung der Umwelt und der Gesundheit der jetzigen und zukünftigen Menschen herzustellen, möglichst vielen Menschen durch Entlassung die Existenzgrundlage zu entziehen, die übrigen Mitarbeiter für möglichst lange Arbeitszeiten möglichst schlecht zu bezahlen, die hergestellten Umweltzerstörungsmaschinen möglichst zahlreich und teuer zu verkaufen.

Seine Sekretärinnen organisieren seinen Arbeitsalltag und erledigen seinen Papierkram; seine Ehe- oder Putzfrau wäscht, putzt und kocht für ihn, sie kauft ein, erledigt Behördengänge, kümmert sich um die Kinder, so dass er mit dem normalen Leben nicht in Berührung zu kommen braucht. Er bekommt 15.000 Euro im Monat plus Weihnachts- und Urlaubsgeld, 13. Monatsgehalt, Spesen, Dienstwagen usw.

Eine Verkäuferin, alleinerziehend mit zwei Kindern, kann nur fünf Stunden am Tag arbeiten, zum Teil auch am Wochenende, da die Ganztagsbetreuung für Kinder - derzeit zumindest noch - völlig unerschwinglich ist. In ihrer Arbeitszeit ist nichts als Arbeit enthalten. Sie organisiert alles selbst, kocht, putzt, wäscht, bügelt, kauft ein, erledigt Papierkram und Behördengänge, kümmert sich um die Kinder. Ihre Arbeitszeit als Hausfrau und Mutter beträgt weitere 15 Stunden am Tag, sieben Tage in der Woche. Sie bekommt 1500 Euro im Monat ohne Sonderleistungen, der Kindserzeuger verweigert erfolgreich die Unterhaltszahlung, mit Leistungen nach Hartz IV erreichen sie und ihre Kinder knapp das Existenzminimum.

Kabarettist Dieter Hildebrandt vertritt hierzu seine eigene Meinung:

„Leistung muss sich wieder lohnen. Vor allem leicht lohnen. Der deutsche Arbeitnehmer weiß, was man von ihm erwartet. Er soll nicht für den Lebensunterhalt arbeiten. Sondern für die Hälfte.
Alles ist zumutbar. Alles, was nicht dem Gesetz oder dem sittlichen Anstand widerspricht. Managersätze sind also nicht mehr zumutbar.

Ich muss einen Satz über Manager wiederholen, den ich einmal, aber damals zu früh, gesagt habe. Bei dem Wort Manager hatte ich immer gedacht, es handle sich bei diesen Übermenschen um Produkte der Welt-Elite-Schulen, die wie der Geist eines edlen Weines in kostbaren Flaschen aufgezogen werden.

Langsam habe ich den Verdacht, dass sie gar nicht der Geist bei der Sache sind, sondern die Flaschen. Aber gehen Sie zu so einem mal in seine Villa und wollen seine Steuerunterlagen prüfen.“

Peter Harry Carstensen ist Ministerpräsident des Landes Schleswig-Holstein und darf in dieser Eigenschaft häufig bei allerlei bunten Veranstaltungen sein Gesicht Pressekameras zuwenden. Das tut er oft, ab und zu gönnt er uns jedoch auch politische Aussagen, die er meist volksnah formuliert. Am Rande der Beratungen von Ländern und Bund zur Bildungsfinanzierung im Oktober 2008 gab er folgendes Zitat zum Besten:

„Wenn der Bund jetzt die Schlagzahl erhöhen will, muss er auch Geld zur Verfügung stellen und darf seine Verantwortung nicht auf die Länder abdrücken“

Dass er mit dem dem Rudersport entlehnten Ausdruck „Schlagzahl" vermutlich meinte, dass auf dem Bildungssektor eine Verbesserung welcher Art auch immer eintreten solle, sei dahingestellt. Aber Verantwortung kann man nun wirklich nicht „abdrücken". Die kann man allenfalls „abwälzen" oder meinetwegen auch „übertragen".

„Abdrücken" jedoch kann ich allenfalls etwa einen Revolver. Oder aber, die umgangssprachliche Variante verwendend, ein Verdauungsendprodukt.

Fußball-Weisheiten

„Ich verwarne Ihnen": „Ich danke Sie!"
(Willi Lippens, nachdem dies der Schiri sagte)

„Es ist nichts scheißer als Platz zwei."
(Erik Meijer)

Zurück ins Web
(aus dem Erstling „Die Sprachpanscher")

Wir kehren nochmals ins Internet zurück. Natürlich wollen wir hier pflichtschuldig zunächst einmal das Hohelied der Meinungsfreiheit singen. Es ist absolut zu begrüßen, dass das World Wide Web uns die Möglichkeit gibt, auch ungewöhnliche, kritische, eben von der Norm abweichende Meinungen kund zu tun.

Dass Viele, etwa in Weblogs, so genannten Blogs, hier jedoch teilweise deutlich übers Ziel hinausschießen und in Beleidigungen und Diffamierungen abgleiten, muss man wohl dabei hinnehmen, auch wenn's gelegentlich wehtut.

Genauso schlimm wird auch hier der Umgang mit der deutschen Sprache gehandhabt. Das muss man vielleicht bei „Amateuren" akzeptieren, nicht jedoch, wenn wir uns in die Sphären des deutschen Hoch- und Spitzenjournalismus begeben.

Bis zur legendären Pleite mit den Hitler-Tagebüchern galt der Stern ja neben dem Spiegel als so eine Art „Hort des seriösen Spitzenjournalismus'" in Deutschland. Auch in seiner Online-Präsenz (www.stern.de) gibt er sich redlich Mühe, halbwegs seriös zu wirken. Man kann natürlich darüber streiten, ob dazu die 50 Bikinifotos der Kandidatinnen zur Wahl der „Miss USA" gehören müssen, aber sei's drum…

Fußball-Weisheiten

„Der Jürgen Klinsmann und ich, wir sind ein gutes Trio. Ich meinte: Quartett."
(Fritz Walter)

„Das wird alles von den Medien hochsterilisiert!"
(Bruno Labbadia)

Nicht akzeptabel ist aber das, was Juliane von Mittelstaedt da unter dem Titel „Entschädigung als Demütigung" dem staunenden Leser über einen kurdischen Bauern ausgerechnet in der Rubrik „Erlesen – ausgewählte Artikel" präsentiert:

Entschädigung als Demütigung *(10.12.2007, 12:37 Uhr)*

Eine Million Kurden flohen bis 1999 aus ihren Dörfern in Anatolien vor dem Krieg zwischen der Türkei und der PKK. Mittlerweile sind viele von ihnen zurückgekehrt. Wie Bauer Muhittin. Außer heimischen Staubs erwartet ihn dort nichts - wegen eines Entschädigungsgesetz, dass seinen Namen nicht verdient.

Ein echter Kracher! Drei fette Grammatikfehler in einem Satz! „Außer" verlangt ~~einem,~~ Entschuldigung, einen Dativ, keinen Genitiv. Der wurde dann im Anschluss beim „Entschädigungsgesetz" quasi als „Ausgleich" gestrichen. Und in der Folge dann anstelle des relativen Anschlusses „das" auch noch den kausalen mit dem offenbar schicken Doppel-s zu benutzen: Hut ab vor so viel grammatikalischer Chuzpe! Oder war das Ganze am Ende gar keine Absicht?

Gibt es noch fehlerfreie Bücher?
(aus dem zweiten Buch „Rettet der Deutsch!")

Noch einmal ein Blick auf die Lektoratsarbeit bei den Buchverlagen. Die hat deutlich gelitten, das ist nicht nur der Eindruck des Verfassers dieser Zeilen. Unter dem allgegenwärtigen Kostendruck, dem auch die Buchverlage immer mehr unterliegen, scheinen sich vermehrt Fehler in ihre Produkte einzuschleichen. Beispielhaft möchte ich hier einmal ein Buch des Knaur-Verlags präsentieren.
Rudolf Schröck, renommierter Journalist und Schriftsteller, der sich besonders mit kenntnisreichen Biographien einen Namen gemacht hat, hat 2004 den Fall des Massenmörders Horst David aufgegriffen und in seinem Buch „Der Biedermann" in dramatisierter Form niedergeschrieben - eigentlich ein schönes Buch, nur leider mit ein paar kleinen Mängeln versehen.

Beginnen wir auf Seite 37:

„Einer Truppe, die seit Jahren mit einer Aufklärungsquote von weit über 90 Prozent zur besten Mordkommission in Deutschland zählte."

Aufwachen, lieber Lektor/liebe Lektorin! Man kann in diesem Zusammenhang nur zu einer Mehrzahl zählen, es sei denn, die oben angeführte Mordkommission wäre quasi die übergeordnete Abteilung der hier angesprochenen Münchner Kripotruppe.

Weiter geht's auf Seite 160:

„Man war sich schnell einig gewesen, dass Davids Mordgeständnisse wahrscheinlich nur ein Teilresultat war."

„Waren", bitteschön! Das Subjekt des Satzes, die Mordgeständnisse, steht nun mal im Plural.

Auf demselben Niveau präsentiert uns Autor Schröck, respektive sein Verlag, die Seite 173:

„Der neue Haftbefehl war Horst David am 2. Dezember 1994 in Stadelheim, knapp sechs Monate nach seiner Festnahme in Regensburg durch Josef Wilfing und seinem Team, eröffnet worden."

Bitte bitte, gebt mir meinen Akkusativ zurück!
Und lustig weiter (S. 177/178):

„Eine gepflegte und attraktive Frau mit blonden Haaren, die Männern gegenüber immer mit höflicher Distanz gegenübertrat?"

Gegenüber (sic!) solchen Fehlleistungen fühlt sich der Verfasser dieser Zeilen zunehmend machtlos.

Aaaaaaaaaber: wir sind damit noch lange nicht am Ende mit dem „Biedermann". Eine der ebenso positiv wie negativ auszulegenden Eigenschaften des Internets ist die Tatsache der redaktionellen Offenheit: Jeder kann und darf an allen Ecken und Enden selbst „Tastatur anlegen", darf also Kommentare (neudeutsch: „Blogs") zu ihn bewegenden Themen veröffentlichen.

Auch der einstige Buch- und inzwischen Alles-Mögliche-Versender und Handelsplatz „Amazon" räumt seinen registrierten Besuchern die Möglichkeit ein, Rezensionen zu verfassen. So gibt es auch Einige davon zu dem hier zitierten Buch des Herrn Schröck.

Etwa diejenige eines Besuchers mit dem Pseudonym „ludwigwitzani", der sich allerdings bei seinem Bemühen um intellektuelle Eloquenz ein wenig vergaloppiert. Lesen wir mal rein!

Zunächst macht er/sie uns klar, dass eine gewisse Belesenheit, ja intellektuelle Tiefe vorhanden ist:

„Hannah Arendts These von der "Banalität des Bösen" hat demgegenüber wenig Anhänger gefunden(...)"

Donnerwetter, das sitzt! Der gewöhnliche Amazon-Besucher ist beeindruckt. Aber dann kommt's knüppeldick:

„'David letzte, tiefste Gründe für seine abscheulichen Taten sind offen geblieben' (S. 216) resümierte der Staatsanwalt am Ende des Prozesses Kein Wunder also, dass der Leser ein wenig ratlos zurückbleibt. Weder hat ihm der Autor eine psychologische Motivsuche noch eine typologische Einrodung des Serienmördern gegönnt, noch wurde er durch die Fahndungsarbeit der Polizei unterhalten(...)"

Der fehlende Punkt zwischen „Prozesses" und „Kein" sowie das ebenfalls fehlende, besitzanzeigende „s" bei „David" interessieren uns hier eher marginal. Und wie man Serienmörder „einrodet", wird wohl auf ewig ein Geheimnis des unbekannten Rezensenten bleiben.

Dass man allerdings den hier verwendeten Genitiv, eingeleitet durch das „des", so versaubeuteln kann, ist für mich kaum nachvollziehbar. Und dann würde ich schon ganz gerne genauer wissen, wer mit dem „er" am Ende gemeint ist – der Autor? Der oder die Serienmörder? Der Leser? Wer denn nun?

Das geht besser, „ludwigwitzani"! Einmal mehr gilt hier der Spruch, dass, wer im Glashaus sitzt, tunlichst nicht mit Steinen werfen sollte.

Ohne weiteren Kommentar wollen wir hier noch einen Mitbewerber des Knaur-Verlags würdigen. Mit folgenden Worten wirbt der Diogenes-Verlag für seine Autorin Magdalen Nabb und ihre Krimireihe um den Kommissar Marsciallo Guarnaccia:

„Die ersten vier Fälle von Maresciallo Guarnaccia spielen jeweils in einer der vier Jahreszeiten, in Italien – bei Vivalde und der Pizza quattro stagioni – beinahe ein Must."

Und noch einmal Werbung: auch die Plattenfirma EMI wirbt, und zwar für ihren Trivialkünstler Mickie Krause, der ja überwiegend mit Mallorca-Humor glänzt: *„Gute Musik ist besser."*, lautet der EMI-Slogan. Wie wahr.

„Guide Micheline" für Arme
(aus dem zweiten Band „Rettet der Deutsch!")

Eine Rubrik in der Wochenschau erscheint mir persönlich höchst fragwürdig. Seit Jahr und Tag erscheint wöchentlich ein meist sechsspaltig gehaltener und mit großformatigem Foto geschmückter „Abendkartentest".

Ein anonymes Testerteam kehrt in Restaurants ein, veranstaltet ein ausgiebiges Probeessen und berichtet dann über das jeweils betroffene Restaurant, mit Name und Adresse des Etablissements, versteht sich. Die Rubriken „Ambiente", „Speisen und Getränke" und „Service" werden abgehandelt, und abschließend erhält der Proband eine Klassifizierung nach „Servietten" und Punkten. Die Skala geht dabei bis zu zehn Servietten und/oder meines Wissens bis 200 Punkte.

Zunächst ist da nichts offensichtlich Verwerfliches zu entdecken. So etwas macht der „Guide Micheline" schließlich auch, wird der geneigte Leser jetzt denken. Stimmt, und stimmt eben wieder nicht! Es kommt nämlich durchaus vor, dass das Urteil der Testercrew eher schlecht ausfällt.

Wenn auch die Skala zehn Servietten umfasst, so wird in der Praxis nur der Bereich zwischen fünf und zehn Servietten genutzt. Was dann der Raum zwischen einer und fünf Servietten aussagt, bleibt das Geheimnis der Autoren. Das müssten dann ja wirklich üble Spelunken sein. Eine Skala, die in der Praxis ihren Spielraum nicht voll ausnutzt, ist keine echte Skala.

Aber so sieht's halt besser aus, wenn's für einen Probanden eher schlecht aussieht. Nur: Betrachtet man die Tabelle „Bisher getestet" der Ausgabe vom 20. April 2008, dann fällt ein Restaurant (Catharinenberg Molfsee) mit sechs zugeteilten Servietten aus dem Rahmen der anderen Gourmet-Tempel, die allesamt acht oder mehr erhalten haben.

Was hier also betrieben wird, könnte zumindest in den Augen des Verfassers dieser Zeilen eine ganz konkrete Geschäftsschädigung werden. Über Wochen und Monate werden nun also – zigtausende Leser (Gesamtauflage: rund 174.000 Exemplare!) regelmäßig über das schlechte Abschneiden eines Restaurants in einem hochsubjektiven, vielleicht zweistündigen Test informiert.

Und genau das ist der Unterschied zum renommierten Gastroführer „Guide Micheline“: Dort erfährt der staunende Leser Interessantes über die Vorzüge der dort aufgeführten Restaurants, ausgezeichnet mit Sternen. Wer nicht drinsteht, ist nicht automatisch schlecht, kann durchaus auch ein Geheimtipp sein. Wer drinsteht, profitiert.

Hier aber, und das ist das Problem, steht Jeder drin. Es ist völlig egal, ob das Personal am Ende einer anstrengenden Schicht erschöpft ist und ihm vielleicht das Lächeln nur mehr gequält von den Lippen kommt. Es ist völlig egal, ob in der Küche mal, vielleicht auch nur ausnahmsweise, etwas schiefgegangen ist, das Urteil wird gefällt und über Monate wiedergekäut.

Die Frage ist aber: Wer fällt überhaupt dieses Urteil? Der Abendkartentest ist anonym. Was qualifiziert die Tester? Der Abendkartentest ist anonym. Ist nicht vielleicht die Beurteilung des Service schlechter ausgefallen, weil die Tester selbst einen schlechten Tag oder vielleicht einfach nur einen Bärenhunger hatten? Der Abendkartentest ist anonym, niemand testet die Tester.

Gibt es objektive Kriterien? Das, was als Kriterien angesetzt wird, erscheint zumindest sehr vage: „Gemütlich, aber mit Stil“ soll’s sein. Aha. Da weiß man doch sofort, wie man sein Restaurant für die Tester zu präsentieren hat. Nur hat halt jeder so seine eigenen Definitionen von gemütlich oder Stil, und damit landen wir beim Fazit:

Der Abendkartentest, der „Guide Micheline“ für Arme, ist hochsubjektiv und damit nicht nur von der Tagesform der Testobjekte, sondern auch von derjenigen der Tester abhängig. Er kann durchaus auch zu einer gefährlichen Waffe werden, die den Umsatz eines Restaurants massiv schädigen kann.

Und wenn dann auch noch schlampig mit der Sprache umgegangen wird, ist der Verfasser dieser Zeilen gleich doppelt in seinem Element. In der zitierten Ausgabe findet der geneigte Leser Folgendes:

„Nach dem Eintreten haben erkunden wir zunächst die Möglichkeiten im Wintergarten Platz zu nehmen.“

Ausgezeichnet, zwei Prädikate sind scheinbar allemal besser als gar keins. Da können wir uns doch immerhin eines aussuchen! Und einen bekleideten Infinitiv mit „zu“ darf man durchaus auch nach der Rechtschreibreform mit einem Komma abtrennen.

Fußball-Weisheiten

„In der ersten Halbzeit haben wir ganz gut gespielt, in der zweiten fehlte uns die Kontinu..., äh Kontuni..., ach scheiß Fremdwörter: Wir waren nicht beständig genug!“
(Pierre Littbarski)

Zum Thema „Stil und Geschmack":

„Viele der ‚typischen' Statuen von griechischen Göttinnen und einige Bilder spiegeln das Land wider. Der Raum wirkt aber überhaupt nicht kitschig oder überladen."

Nein nein, gemütlich, aber mit Stil. Dass diese billig nachgefertigten Plastik-„Statuen" an anderen als ihren angestammten Plätzen (in Griechenland…) durchaus auf sensible Betrachter auch kitschig wirken könnten, wird hier kurzerhand unter den Tisch gekehrt, über Geschmack lässt sich bekanntlich streiten.

Hier gibt's offensichtlich mal Pluspunkte für Plastikambiente – am Ende sind's neun Servietten (174 Punkte). Und noch mal der schlampige Umgang mit der deutschen Sprache:

„Die Tische sind mit zwei kleinen Deckchen belegt und prompt kommt eine Bedienung…"

Sehen wir einmal davon ab, dass das „und" hier keiner Aufzählung dient, und unter anderem auch wegen des Wechsels des Subjekts hier ein Komma vonnöten wäre, so stößt auch der leichtfertige Einsatz des Adjektivs „prompt" sauer auf.

Prompt benutze ich keineswegs als gleichartiges Synonym für „schnell" oder „flott", sondern es dient dazu, zwei unmittelbar aufeinander folgende und zueinander in Relation stehende Tätigkeiten in eine Reihenfolge zu bringen. Beispiel: „Ich stellte mein Auto im Halteverbot ab. Prompt erschien eine Politesse."

Das obige „prompt" stellt einen nicht vorhandenen Zusammenhang zwischen dem Belegen der Tische und dem Erscheinen der Bedienung her, denn die Tischdecken werden doch wohl schon vorher dort gelegen haben. Man versteht zwar, was gemeint ist, wünscht sich aber doch eine präzisere Ausdrucksweise. Wozu sonst ist dieses Büchlein da?

Und wie ein roter Faden zieht sich das teilweise offensichtlich hastige Hinschlampen der Test-Texte durch die Wochen: Für die Ausgabe vom 4. Mai 2008 etwa besucht das Testerteam das texanische Restaurant „El Paso" in Neumünster. Hier finden unter „Ambiente" zwei Plastik-Kakteen Gnade in den Augen der Tester.

Später heißt es:

„Auf den Holztischen liegen kleine Deckchen und Eimer, in denen sich das Besteck befindet."

Ganz abgesehen davon, dass ich in Restaurants bisher auch keine Plastiktische erlebt habe, wäre es doch wohl besser, wenn die Eimer stünden. Und es wird auch nicht so richtig deutlich, ob sich das Besteck nun in den (liegenden?) Eimern oder sogar in den Deckchen befindet.

Am 6. Juli 2008 ist dann das „épinard" in Borgwedel an der Reihe. Etwas überraschend gibt es acht gnädige Servietten, denn die Kritik zwischen den Zeilen ist heftig:

„Beim Hauptgericht gibt es ein paar Probleme beim bestellen, da einige Gerichte nicht mehr vorrätig waren – wir hatten da eine sehr gute Trefferquote…"

Neben dem merkwürdigen Zeitsprung mit Gegenwart und Vergangenheit in einem Satz und dem zu Unrecht kleingeschriebenen Substantiv „bestellen" ist diese doch wohl ein (Achtung: Neudeutsch!) „Overkill" an auch noch süffisanter Kritik.

Und auch dieser Test strotzt vor Fehlern. Gleich im ersten Absatz startet der anonyme Autor mit folgendem Nebensatz:

„(...), doch vergleichbare Häuser mit dem épinard sind uns bisher noch nicht aufgefallen."

Das ist auch kein Wunder, denn das épinard dürfte in dieser Form einmalig sein. Noch mehr Häuser mit *diesem* épinard sind damit doch wohl schon per se unmöglich. Richtig wäre dann doch allenfalls „mit dem épinard vergleichbare Häuser", oder nicht?

Wenn es in einem Restaurant „Einiges" zu sehen gibt, dann schreibt man das auch nach der Reform groß. Kein großes Problem an sich – das kommt etwas später:

„Die Karte verrät uns, dass Marcus Güntert ist ein junger, experimentierfreudiger Winzer (...) ist – nach dem Kosten unterstreichen wir das gern!"

Schön, dass die Tester mittels einer Kostprobe herausschmecken können, wie jung der Winzer ist.

Schlimmer ist allerdings das einmal mehr gedoppelte Prädikat des Satzes. Weiter geht's:

„Alle Gerichte werden ohne (...) künstlichen Zusatzstoffen verarbeitet. Prima!"

Das letzte Wort gehört noch zum Zitat und stellt keinesfalls ein Urteil des Verfassers dieser Zeilen über das letzte Zitat dar.

„Die Karte ist nicht übertrieben groß(...)"

Jetzt kommt aber doch ein „prima!" von mir. Auch eine Karte im Format DIN A 5 kann schließlich *umfangreich* sein.

„Épinard heißt übrigens nicht andere als Spinat auf französisch (...)"

Das vergessene „s" in „nicht anderes" schenken wir uns mal, aber „Französisch" sollte man schon groß schreiben.

Wenden wir uns dem Service zu:
„Unser Kellner ist anfangs an wenig unsicher, der die Küche im nicht en détail mitgeteilt hat, welche Speisen nicht mehr vorrätig sind, (...)"

Habe ich mich gerade noch über Französisch mokiert, so stelle ich hier eine beeindruckende orthografische Sicherheit in ebendieser Sprache fest.

Mit der deutschen Grammatik und Orthografie allerdings hapert's hier mal wieder gewaltig.
„anfangs an" und *„der die Küche im nicht mitgeteilt hat, "*

Da sehe ich allerhand Chuzpe im Sprachgebrauch des Autors oder der Autorin.

Der bescheidenen Meinung des Verfassers dieser Zeilen nach sollte jedenfalls jemand, der sich anmaßt, die Arbeit eines anderen zu beurteilen und das Ergebnis auch noch in sechsstelliger Auflage öffentlich breittritt, erst mal seine eigene Arbeit perfekt beherrschen, bevor er andere kritisiert.

Ich wiederhole mich: Wer im Glashaus sitzt, sollte nicht mit Steinen werfen.

Zehnmal abschreiben!

Den folgenden Text verdanke ich dem emeritierten Schweizer Jura-Professor Dr. Heribert Rausch, dem an dieser Stelle für sein freundliches Entgegenkommen gedankt wird.

Der Text stammt aus der NZZ („Neue Züricher Zeitung") vom 6. November 2002

urs. Das offizielle Papier, in dem der schweizerisch-kantonale Schulpräsidenten-Verband im Vorfeld der Herbstversammlung seine Argumente für das neue Volksschulgesetz auflistet, jagt selbst dem geneigten Leser einen Schauer über den Rücken. Dies nicht wegen des durchaus löblichen Argumentariums, sondern der Form wegen. So lesen wir darin etwa als Erstes, die Gesetzesvorlage werde unterstützt,

„weil die zürcherischen Schulpräsidentinnen und Schulpräsidenten an ihrer Mitgliederversammlung im Frühjahr mit grosser Mehrheit (121:9) dem Bildungs- und Volksschulgesetzt zugestimmt hat."

Haken wir den darin enthaltenen Zirkelschluss als Schönheitsfehler ab, so bleibt immer noch die Frage: Was um Buschors willen sucht am Satzende der einsame Singular? Weiter geht es im selben Stil. Man liest, dass

„die Einführung der Aufgabenhilfe eine beträchtlicher Schritt Richtung Chancengleichheit"

bedeute und dass man die Vorlage aus folgenden Gründen unterstütze:

„weil das Gespräch zwischen Lehrpersonen, Kinder, Eltern und Behörden gefördert wird",
„weil der Computereinsatz bekommt in der Schule mehr Gewicht als zusätzliches Arbeitmittel",
„weil die Integrationsonsaufgabe Schule besser wahrgenommen wird"
und
„weit das neue Gesetz die richten Antworten auf die künftigen gesellschaftlichen Herausforderungen gibt".

Dies sind Müsterchen aus einem guten Dutzend Fehlern und Mängeln in knapp 50 Zeilen. Wir verkneifen uns ein billiges Piesacken mit der PISA-Studie und fordern dafür als konstruktiven Beitrag eine Aufgabenhilfe für Schulpräsidien und Kultusministerien. Vielleicht wird in das Gesetz zudem ein Passus aufgenommen, der die Führungskräfte der Laienbehörden zum regelmäßigen Büffeln in Grammatikkursen verdonnert? Angesichts der auf der Hand liegenden Themenvorschläge –

„Die Kongruenz von Subjekt und Prädikat",
„Die Stellung des konjugierten Verbs im Nebensatz",
„Vom Umgang mit Tastaturen"

– können hierfür großenteils die Lernziele der Volksschule (in Deutschland etwa Grund- und Hauptschule, Anm. d. Verf.) herangezogen werden. Bis das Angebot steht, bleibt für den schriftlichen Ausdruck ein „ungenügend" im Zwischenzeugnis stehen und drängt sich eine Sofortmaßnahme auf: Schreibe zehnmal fehlerfrei ab!

Fußball-Weisheiten

„Ich sage nur ein Wort: Vielen Dank!" *(Horst Hrubesch)*

„Ihr fünf spielt jetzt vier gegen drei!" *(Fritz Langner)*

„Ein Drittel? Nee, ich will mindestens ein Viertel."
(Horst Szymaniak)

„Manni Bananenflanke, ich Kopf, Tor!"
(Horst Hrubesch)

„Unsere Chancen stehen 70:50."
(Thorsten Legat)

Juristen schreiben Deutsch

Die Juristen bekamen ja schon im Vorgängerbuch „Rettet der Deutsch!" in Person eines Anwalts ihr Fett weg – die überaus schwierig zu lesende fast-schon-Geheimsprache Juristendeutsch beinhaltet jedoch mehr noch als das Deutsche an sich Fallstricke, die auch honorige Professoren zum Stolpern bringen können, wie wir gleich beispielhaft lesen werden. Seien Sie tapfer und beißen Sie sich durch, es lohnt sich!

Auch für die hier folgenden gravierenden Juristendeutsch-Exempel bedanke ich mich bei Professor Dr. Rausch.

- Prozessleitende Verfügung einer Amtsgerichtsgerichtspräsidentin:
In der Rechtsstreitsache zwischen C. ... gegen G. ...
Es wird erlassen Verfügung:
1. ...
2. Zur Stellungnahme wird der Gesuchsgegnerin unerstreckbar Frist gesetzt bis ... 3. August 1999 (trotz Gerichtsferien), ansonst Verzicht angenommen wird.

- (Eine Überschrift einer professoralen Arbeit:) Gedanken zur Bedeutung der Ethik als Ordnungsprinzip und seine Verwirklichung im Recht.

- Alle Versuche, das Phänomen „Ethik" in Definitionen festzulegen, deren Sinngehalt in einer unanfechtbaren Formulierung ein für allemal zu fixieren und ihren Standort wie Stellenwert im Koordinatennetz bestehender Grundsätze, Regeln sowie Ordnungssysteme zu bestimmen, sind Ansichten geblieben, die weiterhin der Kritik unterliegen und Anlass zu wissenschaftlichen wie anderweitigen Auseinandersetzungen geben wird.

- Kein öffentlicher Verkauf lässt der Gesetzgeber nach Art. 92 Abs. 2 OR u.a. zu, wenn ...

- Die Bemühungen des Bundesgerichts, den bundeseigenen Grundrechtskatalog möglichst umfassend zu verstehen, beeinflusste die Dynamik der kantonalen Grundrechte wesentlich und liess die Rechtsprechung zu den kantonalen Garantien verkümmern.

- Wegen ihrer überwiegenden Präsenz im Alltag (Schule, Bauwesen, Einwohnerkontrolle, Polizei etc.) vermittelt ein funktionierender und bewusster Grundrechtsschutz die Chance, Schnittstellen zwischen staatlicher Macht und privater Gestaltungsmöglichkeit klarer herausschaffen, (...)

- Bis in die 70iger/80iger Jahre gehörte der Luftverkehr zur nationaler Souveränität der Mitgliedsstaaten. Eine Woche nach dem endgültigen Scheitern des Staatsvertrags wurde ein Schweizer Vermessungsflugzeug an der Grenze mit Leuchtspurmunition beschossen worden. Verletzt wurde niemand. Die beiden Schusssalven verfehlten ihr Ziel ...

- Eine weitere Verletzung von Chicago kann deswegen festgestellt werden, weil dieses Abkommen zwar die nationale Gesetzgebung achtet, wie ausgeführt (Art. 11 und 12) jedoch einen Vertragsstaat nicht ermächtigt, in einem fremden Flughafen bzw. Flugbetrieb durch zeitliche Beschränkungen hineinzuregieren.

- Das Abkommen will die Gleichberechtigung der beiderseitigen Flugunternehmen herstellen, indem eine gegenseitige Beachtenspflicht der jeweiligen Rechtsvorschriften (Art. 5), gegenzeitige Abgabenvergünstigungen (Art. 7), ... festschreiben und eine gegenseitige Pflicht zur Rücksichtnahem auf die Interessen des jeweils anderen Luftfahrunternehmen vorsehen (Art. 9).

Bis hier entsprangen alle Beispiele professoraler Feder, jetzt sind die Studenten dran:

- Das … [ein Bundesamt] weißt in diesem Zusammenhang darauf hin, dass … Sodann bestehen auch Hinweisse darauf, dass …

- Der Name vom Besitzer und Hund, sowie die ausgesprochenen Sanktionen werden veröffentlicht.

- [Eine Überschrift:] Voraussetzungen für die Anwendung vom OHG

- § 10 HG entspricht dem gleichen Wortlaut wie OR 47.

- Die Bisse an der Schulter sind nach dem natürlichen Lauf der Dinge geeignet, dass sich der Mann längere Zeit ins Krankenhaus zu begeben hatte.

- Man kann dafür auf den Schutzbereich des in Frage stehenden Delikts abstellen.

- Die Stadt haftet aber nur, so fern ein Handlungsunrecht zu bejahen ist.

- Die CO2-Verordnung, die die Umsetzung des CO2-Gesetzes darstellt, hat die Form einer Vollziehungsverordnung gemäss Art. 182 Abs. 1 BV, da sie sich auf ein Gesetz im formellen Sinne bezieht. Sie beruht auf das CO2-Gesetz, und nicht direkt auf die Bundesverfassung, so stellt sie eine unselbständige Verordnung dar.
Schlussendlich entschied sich der Bundesrat am 23. März 2005 für die Variante eine CO2-Abgabe auf Brennstoffe und einem befristete Klimarappen bis 2007 auf Treibstoffe zu verwirklichen.

- Die Mitglieder des Ständerates waren sich uneinig, über den Charakter des Entscheids einer Abgabeneinführung. Schlussendlich entschieden sie, dass es sich bei der Einführung einer Aufgabe (sic) nicht um eine Delegation des Entscheides einer Abgabeeinführung gehe, da diese sich aus den Reduktionszielen ergebe, sondern um einen Vollzugsauftrag des Gesetzesinhaltes, der durch den Bundesrat möglich sein sollte.

- Zudem wird klar, dass ein gut funktionierendes, genügend ausgebautes Grundrechtsschutzsystem auf Bundesebene gewisse Kapazitäten anheim nimmt, die Entlastung des Bundesgerichts illusionär wird.

- Eine nahe liegende Möglichkeit wäre der Zeitpunkt der Kündigungsschrift der 84er Vereinbarung, den Mai 2000, als Stichtag zu wählen.

- Es handelt sich also bei der Vorsorge hinsichtlich der Einwirkung nicht um einen zwingend eliminierenden Charakter.

- Die Grundrechte verhelfen dem Bürger zu individuellen Rechten.

- Ein auf Art. 30 EGV gestütztes Verbot muss erforderlich und geeignet sein, sowie darf kein den Handelsverkehr weniger behinderndes Mittel zur Verfügung stehen.

- Vorab muss festgehalten werden, das ein Anspruch nach dem Opferhilfegesetz für das Opfer nur von Nutzen ist, sollte der Betrag der Genugtuungssumme durch das hinausgehen, was er durch seine Ansprüche aus der Staatshaftung erlangt … Die staatliche Operentschädiung (sic) ermöglicht einen öffentlich-rechtlichen Anspruch auf finanzielle Hilfe, um das Opfer u.a. vor zusätzlicher Erschwernis bei der Schadenabwicklung bewahren. Dieses zur Verfügung Stellen von staatlichen Mitteln entledigt den Täter indessen nicht seiner zivilrechtlichen Pflicht, für die von ihm begangene Schädigung einzutreten.

- Im folgenden Teil geht es darum, den Instanzenzug aufzuzeigen, welcher der Geschädigte zu durchlaufen hat.

- Die Zweckmässigkeit in verkehrs-, umwelt-, raumordnungs- und finanzpolitischer Hinsicht sind schon in dieser ersten Phase zu prüfen ... Auf Grund der Planung ist als nächster Schritt die Linienführung der Strassen, die Anschlussstellen und die Kreuzungsbauwerke vom Bundesamt für Strassen in Form von generellen Projekten darzustellen.

- Auf kantonaler Ebene kann mit einer Stimmrechtsbeschwerde gemäss § 123 des Wahlgesetzes Unregelmässigkeiten bei Wahlen und Abstimmungen und Verletzungen von politischen Rechten gerügt werden.

- Diesem Anliegen spricht grundsätzlich nichts entgegen, denn es wird nichts anderes verlangt, als nicht ohnehin schon Geltung beansprucht.

- Schlusswort: Man kann durchaus sagen, dass jeder einzelne Vorschlag der Kommission im Grunde nicht in sich geschlossen ist und implizit auch die gegenteilige Argumentation eindeutig zulässt.
Gewisse Reformen sind nur durch die Beachtung bestimmter Vorgehensweisen mit dem Umweltrecht zu vereinbaren. Es stellt sich deswegen die Frage, ob die entscheidende Behörde im Einzelfall diese Gratwanderungen vornehmen kann, ansonsten wird man annehmen müssen, dass die neuen Bestimmungen zu vorteilhaft für die wirtschaftlichen Interessen ausgehen werden. Vom Initianten — aber auch von allen anderen vorgängigen Parlamentarier, welche eine Initiative verfasst haben - erschien mir zudem die Tatsache vergessen gegangen zu sein, dass die entscheidenden Behörden auch mit einer Streichung bestimmter Regelungen zur UVP Massnahmen treffen können, welche der Verwirklichung des Umweltrechts dienen.

- Eine Teilaufgabe einer schriftlichen Prüfung lautete: „Benjamin Constant (1767 – 1830) vertrat die Konzeption des «Nachtwächterstaates». Was ist darunter zu verstehen? Welche Folgen hatte diese Staatsauffassung?" (Vgl. WALTER HALLER / ALFRED KÖLZ, Allgemeines Staatsrecht, 2. Auflage, Basel 1999, S. 125 f. und S. 131.) Aus den Antworten zur ersten Frage:

- Der Staat wird geschützt durch Wachen, vor allem in der Nacht.

- Nachtwächterstaat: Bürger dürfen weder abends arbeiten noch dürfen sie ausgehen, sondern müssen zu Hause bleiben.

- Der Staat darf sich unter keinen Umständen einmischen.

- Der Nachtwächterstaat (NWS) hat sich sozialtechnisch nicht einzumischen.

- Der Nachtwächterstaat schreitet ein, wenn sich die Gesellschaft nicht mehr zu helfen weiss.

- Der Staat hat den Bürgern die Grundbedürfnisse zur Verfügung zu stellen.

- Der Nachtwächterstaat war sehr enthaltsam.

- Eine solche Staatsauffassung führt zur absoluten Absistenz des Volkes.

-Der Staat wächt also quasi in der Nacht, wenn sowieso nicht viel los ist.

Aus den Antworten zur zweiten Frage:

- Der Staat würde in eine Depression verfallen.

- Dies hat jedoch zur Folge, dass sich einige dessen bedienen, wozu sie gerade Lust haben.

- Der Staat ist nicht befugt, Gesetze zu erlassen.

- Die Probleme von damals bestanden nämlich darin, dass jedes Individuum einfach vor sich hin lebte → Entartung.

- Es zieht eine negative Konsequenz mit sich.

- Der Nachtwächter staht, verlangt, dass...

Nota Bene: Der Kandidat, der das schrieb, ist deutscher Muttersprache und hat die Matur(Abitur, Anm. d. Verf.) *bestanden.*

Fußball-Weisheiten

„Auf Gefühle gebe ich gar nichts. Dreimal hatte ich das Gefühl, einen Sohn gezeugt zu haben, und wir haben drei Töchter zu Hause."
(Hermann Gerland)

„Manche von den Jungs haben eine Berufsauffassung wie die Nutten von St. Pauli. Die rauchen, saufen und huren rum, gehen morgens um 6 Uhr ins Bett und haben am nächsten Tag ein Spiel."
(Ede Geyer)

„Dann kam das Elfmeterschießen. Wir hatten alle die Hosen voll, aber bei mir lief's ganz flüssig."
(Paul Breitner)

Pädagogen-Denglisch

Eine nicht nur aus Sicht des Verfassers dieser Zeilen extrem bedenkliche Entwicklung nimmt zurzeit die Pädagogik an Kindertagesstätten (neudeutsch KiTas) und Schulen. Dem Trend zur zunehmenden Bertelsmannisierung folgend, greifen immer mehr aus Wirtschaft und Management übernommene Methoden und die dazugehörigen Floskeln um sich.

Hierzu bin ich auf der Internetseite des Vereins Deutsche Sprache (http://www.vds-ms.de) über einen Text gestolpert, den Josef Kraus vom Deutschen Lehrerverband vor ein paar Jahren verfasst hat, mit dessen Genehmigung ich ihn meiner Leserschaft nicht vorenthalten will. Der Mann hat Recht.

Trendy wie die neueste Mode

Wie die Sprache der Pädagogik auf den Hund kommt

Jeder in Sachen Sprache halbwegs sensible Deutsche regt sich auf über die Bahn-AG, die Bundesagentur für Arbeit, die Parteien, die Telekom oder die Werbewirtschaft mit ihrem permanenten Kniefall vor Anglizismen:

Ohne Meeting Point, Ticket Office, Job Center, City Call, Headquarter, Sales Presenter oder Bratwurst-Point scheint es nicht mehr zu gehen. Über die Sprache der Bildung freilich oder das, was für die Sprache der Bildung gehalten wird, über die Sprache der Bildungspolitik und der „modernen" Pädagogik herrscht indes kaum Verwunderung. Dabei ist dieser Teil unserer Sprachkultur und Kultursprache dabei, sich restlos einer Amerikanisierung zu unterwerfen.

Die Beispiele sind Legion, sie ergäben mittlerweile ein stattliches Wörterbuch. Dabei ist die Frage nach den Fundstellen solcher Sprachprodukte müßig; man muss sie nicht suchen, sie quellen einem entgegen. Man findet die Beispiele zuhauf auf Bildungsmessen, in Bildungsmemoranden, in der Fachliteratur, in Katalogen der Lehrerfortbildung - und auch in kultusministeriellen Produkten.

Angesagt sind jetzt - wohlgemerkt für „Bildung": Quality Management, Marketing, Best Practice, Benchmarking, Just-in-time-Knowledge usw. Fehlt nur noch ein „Last Minute Learning", wenn Schüler dies nicht schon längst erfunden hätten.

Ansonsten gibt es nicht nur Laptop, Beamer, Presenter und PPP1 (Power Point Presentation), sondern Edutainment, Educ@tion, Learntec, didaktische Hyperlinks, knowledge-machines, Download-Wissen usw. Darüber hinaus werden die Schulen tagtäglich bombardiert von allen möglichen Institutionen und „Experten", die ihren pädagogischen Helfer-Komplex entdecken und der Schule „Highlights" anbieten wie „Cinema goes School", „IT works", „Girls go Tec". Und: Wohin man guckt, ist Evaluation angesagt, in verfeinerter Form sogar mittels „ritualisiertem Brainstorming" oder „Mindmapping". Weil Schule ja keine Schule im Elfenbeinturm sein dürfe, wird außerdem PPP2 („public private partnership") propagiert - und wenn man es noch anspruchsvoller   haben   will: Corporate   Citizenship.

Dass das Diplom und das Staatsexamen bald hopps sind, wissen wir schon; jetzt nennt man dies Bachelor und Master. Die Bundesbildungsministerin verspricht ein Brain Up der Hochschulen und Exzellenz-Clusters.

Eine Lehrergewerkschaft möchte endlich weg von einer inputbasierten hin zu einer outcomebasierten Schulpolitik. Eine andere Ministerin ist nicht mit den PISA-Ergebnissen aller ihrer Schulen zufrieden; auf die Frage, welche Schulen sie meine, lässt sie antworten, sie wolle kein „naming and blaming".

Fachzeitschriften, zum Beispiel für Schulleiter, schwärmen von Leadership Challenge und Leadership Practices Inventory. Lehrgangskataloge bieten pädagogischen Führungskräften „Orientierungskurse mit Assessment-Übungen" und Fachbetreuern ein „Train the Trainer". Bildungsmessen locken mit Innovation in Education, mit Online-Community, mit Blended Learning, mit Monitoring und – last but not least – mit dem „Lehrer Online" (Ob damit wohl der Lehrer gemeint ist, wie ihn Kultusminister/innen gern an der Leine hätten?).

Computer- und Softwarefirmen machen ebenfalls auf „Bildung" und erfinden Notebooks for Education (abgekürzt: NO4ED). Ein Schelm, wer Schlechtes dabei denkt! Und wenn diese Global Player besonders bildungsbeflissen sein wollen, dann gründen sie nicht etwa einen Bildungsbeirat, sondern einen Adviser Council, der sich – wohlgemerkt geleitet vom Firmenbereich "Public" – mit Innovative Teachers oder mit Accessibility to E-Learning befassen soll.

Leibhaftige Professoren aus dem Fachbereich Pädagogik treten dann als Council Member auf und meinen: „Die ganze Schule muss sich bezüglich E-Learning endlich committen". Zuvor aber lässt eine charmante Public-Referentin („Hallo erst mal von meiner Seite!") die Adviser nach dem Get Together brainstormen und den dann entstandenen Ideen-Pool clustern, um bald zum eigentlichen Konsens-Meeting zu kommen.

Fußball-Weisheiten

„In einem Jahr hab ich mal 15 Monate durchgespielt." *(Franz Beckenbauer)*

„Ich kann mich an kein Spiel erinnern, bei dem so viele Spieler mit der Barriere vom Platz getragen wurden."
(Michael Lusch)

Kultusministerielle Sünden

Wer glaubt, mit einer solchen Protzsprache habe wenigstens die offizielle Schulpolitik nichts zu tun, der irrt. Quer durch die Republik übertreffen sich die kultusministeriellen Organe gegenseitig im „Bildungs-Denglisch". Nehmen wir als nächstliegende Beispiele die „EZ – Elternzeitschrift" und die „Lehrer-Info" des bayerischen Kultusministeriums.

Dort wimmelt es nur so von: Best-Practice, Chat-Forum, Corporate Culture (CC), E-Learning-Sequenzen, Elterntalk, European Foundation of Quality Management (EFQM), Events, Feedback, "Fit for Europe", Flip-Charts, Flow-Gefühlen beim Lesen, Girls Days, Groupware-Technologie, Internet-Portals, Inputs/Outcomes, Know-how, Life-Long-Learning, Meetings, Netkids, Notebook, Parlament live, Powertraining Persönlichkeit, Public Private Partnership, Science Days, Technik-Camp für Mädchen, Workshops u.a.m.

Ist die Decke damit schon erreicht? Nein, noch lange nicht. Wir wollen der sprachlich nach unten offenen Richterskala nicht vorgreifen, aber „in" sind wir auch schon selbst und das sprachliche Trendscouting beherrschen wir ebenfalls; auch wir wissen um das Handling von Schule, wissen also, wie man Schule „handelt" (sprich: hääändelt): Wie wäre es mit New School? Oder Lean School?

Wir gründen einfach eine Task Force und geben den Grundsatz aus: Simplify Your School! Zu den Must Haves einer solchen Schule gehören gewiss: Inhouse-Seminare (anstelle Pädagogischer Konferenzen), Brain Food (anstelle von gesunder Pausenernährung), Crashkurs (anstelle der Schnellbleiche vor einem Extemporale), Clubwear (anstelle von Schuluniform), Fanzine (Fan Magazin anstelle von Schülerzeitung), Lifeskills (anstelle von lebenspraktischen Schlüsselqualifikationen).

Der Unterricht wird zum Workshop mit einem kurzen einleitenden Briefing, Freiarbeit wird zum Freestyle Learning; letzteres aber wird gecancelt, wenn die Kids nicht smart und cool genug sind. Schulkonzerte werden zu Top Acts, Weihnachtsbasare zu Charity Events, zu denen Eltern, Opas, Omas, Tanten und Onkel mit CI-Flyers empfangen werden (CI = Corporate Identity); finanziert wird das Ganze mittels Sponsoring und Fundraising.

Am Wochenende dann öffnet sich die Schule für LAN-Parties (Local Area Net Parties), weil die Eltern ja „Time for Kids" nicht haben. Und für das achtjährige Qualitätsgymnasium wird geworben mit „Anti-Aging by G8" (sprich: tschiii äjt).

Verpackung statt Inhalt?

Was ist von einer solchen schieren Sucht nach Neologismen zu halten? Nun, sprachanalytisch ist der Gebrauch dieser Kult-, Prunk-, Imponier-, Fahnen-, und Gesinnungsbegriffe sowie dieser Euphemismen banal und nichts anderes als eine Produktion von Platitüden; diese sind platt, flach, ja Fladen - Wortfladen im wortgeschichtlichen Sinn.

Ihre Erfinder und Adepten sind Verbal-Pyrotechniker, die sich als pädagogische Pop-Corn-Maschinisten verstehen. Was zählt, ist offenbar nur die verbale Verpackung, nicht aber der Inhalt.

Tiefenpsychologisch handelt es sich um eine verbalerotische Hyperventilation zwischen Imponiergehabe und infantil staunender Gläubigkeit. Der Begriff wird zum Fetisch, zum Verbalfetisch, zur Zaubermacht, die aber sofort durch eine neue ersetzt wird, falls sie – wie zu erwarten – versagt. Wahrscheinlich aber hat die schulpolitische Verbalerotik im Volk der Dichter, Denker und großen Pädagogen auch mit Selbstaggression zu tun, nämlich mit Selbstverleugnung. Und sie hat zu tun mit Wunschdenken.

Man kann mit Hilfe sprachlicher Narkotika ruhig schlafen, man braucht die schulische Realität nicht mehr zur Kenntnis zu nehmen, weil man ja die semantisch geschönte Realität hat. Damit wäre man wieder beim Phänomen der Infantilisierung, beim kindlichen Animismus: Nicht die Realität zählt, sondern die halluzinatorische Wunscherfüllung und der Glaube an die magische Wirkung von Vokabeln.

Auch *philosophisch* ist die aktuelle schulpolitische Windmaschine höchst bedenklich. Die Dialektik von Sein und Schein ist damit aufgehoben zu Gunsten des Scheins und einer Politik des „als ob". Und die Dialektik von Zweck und Mittel ist aufgehoben zu Gunsten des Primats des Mittels. Was auf der Strecke bleibt, ist die Bildung der Persönlichkeit.

Bildungspolitisch verrät sich in dieser Sprache eine bestimmte „Bildungs"-Ideologie. Diese Sprache signalisiert nämlich den Kotau vor einem flachen Ökonomismus und vor einem technizistischen Verständnis von Bildung. Die Versuche, auch im Bereich der Schulpolitik und Schulpädagogik durch die zitierten Wortneuschöpfungen sowie durch ökonomisch konstruierte Konnotationen Stimmung zu machen, trägt Früchte: Shakespeare braucht es nicht mehr, wie immer häufiger Bildungspolitiker selbst mit Blick auf das Gymnasium verkünden.

Eine blanke „economical correctness" der deutschen „Bildungs"-Sprache mit ihren Renommier- und Verbrämungs-Euphemismen presst die Pädagogik stattdessen in ein Schubladen- und Schablonendenken. Das pädagogische Denken wird uniform, und es gerät unter die Herrschaft wirtschaftlicher Dogmen.

Soziologisch betrachtet gilt eine solche Sprache als schick und weltläufig. Die „Schweigespirale" (Noelle-Neumann) tut ein Übriges: Man neigt dazu, nichts gegen diese Protzsprache zu sagen. Man nimmt schließlich an, dass man sich sonst außerhalb des pädagogischen und schulpolitischen "Mainstream" stellt, man fürchtet sich vor dem Verdacht, keine „moderne", progressive „Bildung" haben zu wollen. Die Folge ist so oder so, dass sich die "veröffentlichte" Diktion unwidersprochen durchsetzt. Und Nietzsche hat erneut Recht: Die Zukunft und die Macht gehören jenem, der Sprachregelungen durchsetzt.

Politisch schließlich wird eine solche Sprache zum Politikersatz, das heißt zu einer Politik, die das Etikettieren bereits für politisches Handeln hält. Freilich übersieht eine solche Politik, dass man Substanzverlust nicht mit Sprechblasenproduktion kompensieren kann. Wer nämlich keine Substanz hat, glaubt auf alles Neue bzw. vermeintlich Neue sofort aufspringen zu müssen, und er schmeißt damit das Bewährte und Schützenswerte über Bord.

Was nun tun Legislative und Exekutive in Sachen Sprache konkret? Nun, Anfang Februar 2004 hat sich beispielsweise immerhin der Petitionsausschuss des Bayerischen Landtags mit einer Eingabe der Nürnberger Senioren-Initiative „Nein zu Denglisch" befasst. Alle Fraktionen standen dahinter und kritisierten die Verhunzung der deutschen Sprache. Der damalige Kultusstaatssekretär Karl Freller stand ebenfalls zu dieser Initiative, räumte aber ein, dass sein Haus auf den öffentlichen Sprachgebrauch kaum Einfluss habe.

Das ist richtig. Aber auf den Sprachgebrauch des eigenen Hauses hat man Einfluss, und dieser Sprachgebrauch ist – siehe oben - alles andere als vorbildlich. Ein kleiner Lichtblick freilich ist die Bekanntmachung des Kultusministeriums vom 19. Dezember 2003 (Amtsblatt/Beiblatt Nr. 2/2004).

Dort wurden die Schulen darauf aufmerksam gemacht, dass am 21. Februar 2004 zum dritten Mal weltweit der „Internationale Tag der Muttersprache" begangen werden sollte. Er ging übrigens zurück auf einen entsprechenden Beschluss der UNESCO-Generalversammlung vom November 1999. Das Kultusministerium forderte die Schulen in diesem Schreiben auf, den Tag zum Anlass zu nehmen, „die Verantwortung für die aktive Pflege der deutschen Sprache in besonderer Weise wahrzunehmen."

Sprache sei schließlich eine der höchsten Kulturleistungen, sie habe große Bedeutung für die individuelle und gemeinschaftliche Identitätsbildung. Das Deutsche sei aber bedroht durch Verkürzungen; es drohe ihm zudem eine Verarmung durch falsche Vorbilder und unnötige Anglizismen. Deshalb brauche die Muttersprache eine behutsame Pflege vor allem im Bildungsbereich.

Davon sind wir leider weiter als je zuvor entfernt. Vielmehr besteht Anlass zur Sorge, dass dort, wo die Sprache der Pädagogik verödet, schließlich auch die Wahrnehmung und das Denken in der Pädagogik veröden. Nichts anderes als Verödung will ja beispielsweise der „Big Brother" in George Orwells Roman „1984".

Dort sagt der am Wörterbuch der „Neusprache" bastelnde Sprachwissenschaftler Syme zu Winston Smith, der Hauptfigur des Romans: „Siehst du denn nicht, dass die Neusprache kein anderes Ziel hat, als die Reichweite der Gedanken zu verkürzen? (...) Es ist lediglich eine Frage der Wirklichkeitskontrolle. Aber schließlich wird das auch nicht mehr nötig sein. Die Revolution ist vollzogen, wenn die Sprache geschaffen ist." An anderer Stelle wird Winston Smith, in der Nähe des allgegenwärtigen Televisors stehend, beschrieben: „Er hatte die ruhige optimistische Miene aufgesetzt, die zur Schau zu tragen ratsam war."

So weit darf es mit der Pädagogik und ihrer Sprache nicht kommen. Deshalb geben wir die Hoffnung nicht auf, und sei es um den Preis, dass wir diese Sprache der pädagogischen Verbalerotik so lange der Lächerlichkeit preisgeben, bis sich auch deren Nutzer der Lächerlichkeit preisgegeben sehen.

Fußball-Weisheiten

„Ich glaube nicht, dass der Verein mir Steine in den Vertrag legt.“
(Thorsten Legat)

„Zuerst hatten wir kein Glück, und dann kam auch noch Pech dazu.“
(Jürgen Wegmann)

„Mein Problem ist, dass ich immer sehr selbstkritisch bin, auch mir selbst gegenüber.“
(Andreas Möller)

„Ich glaube, dass der Spitzenreiter jederzeit den Tabellenführer schlagen kann.“
(Berti Vogts)

Schnurriges Schnarren

Es gibt unzählige Bücher über Rockmusik, darunter auch ein paar Gute. Aber leider sind diejenigen Autoren, die über Rockmusik schreiben, oftmals Menschen, die selbst aus dieser Szene stammen und mithin oft auch eher bildungsfern orientierten Umfeldern angehören.

Macht ja nichts, schließlich gehört der angestrebte Leserkreis ja nicht selten zu ebendiesem Umfeld, rekrutiert er sich doch nun mal häufig aus den Künstlern zugewandten Kreisen. Naturgemäß ist es besonders der angelsächsische Sprachraum, der einige durchaus ernst zu nehmende Werke der Rockliteratur zu bieten hat.

Kritisch wird es jedoch häufig dann, wenn diese ins Deutsche übersetzt werden. So auch die kürzlich neu erschienene Biographie der Band „Rainbow" des Deep Purple-Gründungsmitglieds und Stromgitarristen Ritchie Blackmore, der ja seine Anhänger gerne auch mit verschwurbelten Mittelalterklängen zu verstören pflegt. Martin Popoffs Werk ist mir im Original nicht bekannt; seine Übersetzung jedoch liegt vor und ist im Iron Pages Verlag erschienen (Berlin 2008). Eine Dame namens Franziska Schöttner hat sie vorgenommen - und restlos in den Sand gesetzt.

Wie es ihr gelungen ist, dieses Buch in alter Rechtschreibung an den Verlagslektoren vorbei zu mogeln, sei einmal dahingestellt. Aber dass dann auch noch eine Vielzahl von Sprachpanscher-, Schlamper- und Stümpereien dazu kommt, die manchmal einer unfreiwilligen Komik nicht entbehren, das wollen wir hier doch einmal exemplarisch beleuchten.

Zur 1976 erschienenen Langspielplatte „Rising" etwa unterhält Frau Schöttner uns mit folgendem Spracherguss:

„Man beachte auch die Symmetrie von ‚Rising': vier Songs auf Seite eins und zwei auf Seite zwei. Das Cover ist ikonoklastisch (diesen Ausdruck wird der durchschnittliche Rockfan ja sicher in seinem Wortschatz finden… Anm. d. Verf.), wie ein Anker, der wegweisende, emotionale Inhalte einmalig und eingebettet in eine selbstsichere, geschickte Mission. Das Selbstvertrauen, das die Scheibe ausstrahlt – und, wenn man so will, auch die Schwarzweißphotos -, erinnert sehr an Led Zeppelin."

Nun dürfte die Übersetzerin sich ja doch irgendwie am englischen Popoff-Text orientiert haben, der ja schon ein merkwürdiges Bild beinhaltet und zudem selbstverständliche Banalitäten verkündet. Was daran symmetrisch ist, wenn auf einer Seite vier, auf der anderen jedoch nur zwei Songs sind, kann ich nicht wirklich nachvollziehen. Und dass Ritchie Blackmore nie ein Kind von Bescheidenheit gewesen ist, dürfte mittlerweile bekannt sein.

Was an der „Scheibe" strahlt denn nun Selbstvertrauen aus? Das Cover? Die Musik? Die Texte? Und was davon regt zum Vergleich mit Led Zeppelin an, außer vielleicht, dass damit ein weiterer großer Name erwähnt werden kann? Jimmy Page und Konsorten nämlich waren den banalen Hardrock-Versuchen des Herrn Blackmore damals musikalisch längst um Welten enteilt.

Aber für den Inhalt kann ja nun die Übersetzerin nichts. Wohl aber, was ihren Umgang mit der deutschen Sprache angeht, für das obige Zitat. Und da schlampt sie uns einen Relativsatz hin, der restlos ins Leere geht, weil sie großzügig auf ein Verb verzichtet, das uns womöglich den Inhalt dieser kryptischen Aussage enthüllen könnte.

D er Duden sagt uns unter dem Stichwort Ikonoklasmus: „Bildersturm; Abschaffung und Zerstörung von Heiligenbildern", mithin dürfte „ikonoklastisch" in etwa mit „bilderstürmerisch" übersetzt werden. Wie da der Anker ins Bild passt, will sich mir auch bei wiederholter Lektüre des Satzmonsters nicht offenbaren.

Und dass Frau Schöttner dann auch noch aus dem durchaus auch im Deutschen verwendeten Ausdruck „Snaredrum" pflichtgemäß die Übersetzung „Schnarrtrommel" exzerpiert, wollen wir bei all dem sonstigen Sprachgepansche nur noch eben am Rande erwähnen…

Kryptische Wortschöpfungen

B ei all den geradezu europäisch-international ausgerichteten Sprachbeobachtungen dieses Werks wollen wir natürlich nicht die regionalen Presseerzeugnisse aus der Heimat des Verfassers aus den Augen verlieren, etwa die auch in den Vorläuferbüchern bereits häufiger zitierte „Wochenschau", ein Tochterblatt des Schleswig-Holsteinischen Zeitungsverlags (sh:z).

Die Schleswiger Regionalausgabe dieses Wochenblatts kann sich glücklich schätzen, über den fleißigen freien Mitarbeiter Wolfgang Seidel verfügen zu können. Der nämlich ist einer ordentlichen „Schreibe" mächtig, wie er immer wieder unter Beweis stellt. Nur sehr selten darf ich auch ihn mal einer Fehlleistung überführen. Am 24. Januar 2009 ist es allerdings so weit, gönnt er uns doch ein paar kryptische Wortschöpfungen:

„Alles in allem werden die gesamten Bauarbeiten noch bis zum 30. September andaerst uern und so vor allem den Verkehr in den Friedrichsberg zumindest beeinträchtigen (…)

Abgesehen von den offensichtlichen Füllwörtern („gesamten" ist doch wohl ebenso überflüssig wie „zumindest"?) dürfen wir uns hier über zwei sehr hübsche Zuwächse im reichen Fundus der deutschen Sprache freuen. Herr Seidel wird sie sicherlich noch mit den passenden Inhalten füllen – hofft zumindest der Verfasser dieser Zeilen.

Fußball-Weisheiten

„Es ist ein Sehnenabriss am Schambeinknochen.
Hört sich lustig an - ist aber trotzdem beim
Fußball passiert."
(Thomas Strunz)

Die Brücke ins Alter

Und wenn wir schon bei der o.a. Brücke sind: Sie befindet sich im Süden Schleswigs, an der Schnittstelle von B 76 und B 77, in der Nähe des Straßenzuges „Riesberg" und wird daher auch „Riesbergbrücke" genannt.

Einmal mehr erfreut uns das Wochenblatt „Moin Moin" am 27. Mai 2009 mit einer ganz eigenwilligen Interpretation dieses Namens. Vielleicht hat da der zuständige Redakteur schon an die eigene Altersversorgung gedacht?

SCHLESWIG (bg) – Die Bauarbeiten an der Riesbergbrücke haben Bergfest. Sie begannen im Januar und werden voraussichtlich noch bis Ende September 2009 andauern. Die MoinMoin fragte bei der zuständigen Behörde, dem Landesbetrieb Straßenbau und Verkehr Schleswig-Holstein in Flensburg nach, wie die Arbeiten vorangehen.

»Die Bauarbeiten laufen nach Zeitplan. Derzeit wird der Aufbau des Traggerüstes vorgenommen und es werden Schalarbeiten am Überbau durchgeführt«, so Diplom Ingenieurin Alexandra Kretz. Sobald diese Arbeiten

Truman Capote ist auferstanden!

Leider Gottes ist schon wieder die Moin Moin mit ihrer darauffolgenden Ausgabe vom 03. Juni 2009 Gegenstand meiner Betrachtungen, hat das Wochenblatt hier doch einen nachgerade fulminanten „Zwischenspurt" an Fehlleistungen hingelegt, der hier natürlich gewürdigt werden muss.

Beginnen wollen wir mit der Titelseite: Da wird aus dem Segelschiff „Pippilotta" in der Schlagzeile kurzerhand „Pippi Lotta". Wenn diese auch immerhin mit zwei, Verzeihung: drei, „p" geschrieben wurde, dürfte sich Astrid Lindgren wohl angesichts dieses unappetitlichen Verschreibers im Grabe umgedreht haben.

Auf Seite zwei geht's weiter. Da wird eine kleine Meldung veröffentlicht, die ich hier inklusive der merkwürdigen Schlagzeile wörtlich wiedergeben möchte:

Fettbrand und Einsatzübung

Am Freitag, den 5. Juni veranstaltet die IG Schleswig-Friedrichsberg erneut ein kostenlosen Kinderflohmarkt auf dem Marktplatz statt. Ab 15 laden dann die kleinen Trödler zum Stöbern und Schnäppchenmachen ein.

Beginnen wir mit der Überschrift: Die legt nahe, dass vermutlich die Feuerwehr den Kinderflohmarkt mit einer Übung umrahmen wird. Das wird sicher spannend.

Weiter: Man veranstaltet immer noch im Akkusativ, also „einen Kinderflohmarkt". Was dann das „statt" am Satzende zu suchen hat, entzieht sich wohl auch der Kenntnis der verantwortlichen Redaktion. Und dass dann die „kleinen Trödler" ab 15 sein müssen, spricht doch wohl eher für einen Teenie-Flohmarkt – oder etwa nicht? Vier Fehler in einer Zwei-Satz-Meldung – Donnerwetter!

Aber dann kommt's knüppeldick: Auf Seite drei gönnen uns die Sprachartisten des Wochenblatts ein mittelschweres Wunder. Sie lassen nämlich den umtriebigen New Yorker Schriftsteller Truman Capote, bekanntlich bereits 1984 verstorben, kurzerhand auferstehen:

Von Piaf bis Armstrong

Am Sonnabend, 6. Juni, ab 20 Uhr präsentiert in der »Casa Cultura«, Auf der Freiheit ein musikalisch-litherarisches Quartett unwahscheinliche Geschichten über Mozart, Bach, Edith Piaf, Louis Armstrong, nackte Jazzer und singende Frösche. Vorgetragen wird dies von Harald von Abstein, Peter Baumann, Truman Capote, Franz Kratochwil und weiteren »unglaubwürdigen« Autoren. Die vier Künstler treten in dieser Zusammensetzung erstmalig in der »Casa Cultura« auf.

Dass das „litherarische" Quartett mit einem „h" geradezu klassisch aufgewertet wurde, sei dahingestellt. Verzeihlich ist auch, dass mit Harald von Abstein ein Quartett-Mitglied dazu gedichtet wurde – aber die Capote-Nummer ist einfach nur noch peinlich – meine ich jedenfalls.

Wir sind noch nicht am Ende: Zwei Seiten weiter sucht dann auch noch, laut Überschrift, ein „Pfandfinderstamm" Helfer. Da fragt man sich nur noch, ob es sich hier um Gehilfen für einen

Gerichtsvollzieher handelt, oder ob hier jemand gebraucht wird, der nach Dosen oder Flaschen sucht – ein Gegenstück zum Trüffelschwein womöglich?

Über die Auslegung des Stellenwerts einer Kulturveranstaltung seitens des Wochenblatts wollen wir hier nicht urteilen, wenn es auch schon etwas fragwürdig erscheint, die o.a. Veranstaltung in großem Rahmen auf der Freiheit mit einer kleinen Meldung abzuspeisen, während die Session von Hobbyjazzern in einer Bar mit einem riesigen Foto zweispaltig gewürdigt wird.

Wohl aber haben auch diese Jazzer ein Recht darauf, dass dann ihr Name korrekt wiedergegeben wird. Dass der Autor des Textes das Wortspiel im Namen „Jazz oder nie" nicht verstanden hat, spricht für sich, benennt er die Kapelle doch „Jetzt oder nie".

Peinliche Promis
(aus „Rettet der Deutsch!")

An dieser Stelle möchte ich den Journalisten Jürgen Leinemann zu Wort kommen lassen, der 2005 pünktlich zum Bundestagswahlkampf ein großartiges und kenntnisreiches Buch geschrieben hat. „Höhenrausch" heißt das Werk des früheren „Spiegel"-Journalisten, in dem er die suchtartigen Charakterzüge unserer Politiker offen legt und ihr geradezu krampfhaftes Festhalten an der Macht mit zahlreichen Beispielen untermauert.

„Die politische Klasse wird sich auch in Zukunft vorrangig damit beschäftigen, ihre Probleme der Machterlangung und Machtbehauptung zu lösen und den Kontakt zur Gesellschaft vernachlässigen." Leinemann fährt fort, indem er über mögliche Verhaltensänderungen der Politprofis nachsinnt: „Eine neue Medienethik? Rückkehr zu Argumenten statt Unterhaltung durch visuelle Eindrucke? Programmatische Diskurse statt Personalisierung? Verzicht auf symbolische Show-Veranstaltungen zugunsten von politischer Aufklärung? Keine Chance."

Und so kommt es, wie es offensichtlich kommen musste: Selbst die Grünen haben mittlerweile ihre Hausaufgaben gemacht und nutzen jede Möglichkeit, dem Bürger per Mattscheibe ins Wohnzimmer zu folgen.

Claudia Roth

Die Grünen sind ja so eine Partei für sich. Gute zwanzig Jahre zähes Ringen um Frauenquoten, Umwelt- und Naturschutz, Friedensbewegung und Bundeswehreinsätze haben aus dieser Partei letztendlich so etwas wie eine (inzwischen eher dunkel-) grün angestrichene kleine Schwester der sonstigen Parteien im Lande gemacht.
Längst passé sind die Zeiten von Turnschuhministern und strickenden Quotenfrauen in den Parlamenten. Da präsentieren sich inzwischen auch durchaus menschelnde Spitzenkräfte der Grünen dem staunenden Volk. Zu ihnen gehört beispielsweise Claudia Roth.
Die blonde Vorzeigegrüne gibt sich scheinbar alle Mühe, Volksnähe zu demonstrieren. Leider schießt sie dabei übers Ziel hinaus. So geschehen Ende März 2008 in der Fernsehsendung „Zimmer frei" im WDR-Regionalprogramm.
Inhalt der Sendung ist es, dass jeweils ein (oft eher Halb-)Prominenter sich bei den Gastgebern Christine Westermann und Götz Alsmann vorstellt, um ein Zimmer in der Fernseh-WG zu bekommen. Unter Zuhilfenahme von musikalischen Darbietungen, möglichst schlagfertigen Gesprächsrunden und Spielen, die sich teils auf Kindergeburtstagsniveau befinden, soll das

Saalpublikum letztendlich mittels grüner oder roter Karten die Entscheidung treffen, ob der/die Kandidat/in einziehen darf. Claudia Roth durfte. Bei einer Gegenstimme.

Ich frage mich wirklich, ob Menschen, die über Auslandseinsätze der Bundeswehr mitentscheiden oder auch andere Beschlüsse von weltpolitischer Tragweite treffen, sich derart kindisch-albern präsentieren dürfen. Zumal Frau Roth ja auch erst kurz zuvor dabei war, als die Bundestagsabgeordneten sich eine „unbedingt notwendige" Inflationsanpassung (Diätenerhöhung klingt ja schließlich viel zu negativ) um 9,4 Prozent genehmigten. Aber der Wähler hat ja ein notorisches Kurzzeitgedächtnis, beziehungsweise überhaupt kein Langzeitgedächtnis...

Vielleicht sollte man derlei TV-Sendungen mit Bundespolitikern in Zukunft direkt vor Ort in Kandahar, Masar al Sharif oder Kundus vor Livepublikum produzieren. Anschließend könnten die weltpolitischen Entscheidungen der Berliner Parlamentarier möglicherweise kompetenter ausfallen. Wenn sie denn dann noch welche treffen können.

Nur kurz nach ihrem Auftritt Marke „Fettnäpfchen" war dann wieder die Weltpolitik dran. Frau Roth wurde pflichteifrig von Journalisten zum Thema Olympiaboykott in China befragt.

Sie sagte dazu:

„Ich würde ihn zum jetzigen Zeitpunkt nicht befürworten."

(Also hält sie sich zunächst alle Türen offen, ein typischer Politikerreflex. Bloß keine klare Meinung äußern.) Aber dann darf der aufmerksame Zeitungsleser sie einmal mehr bei Deutsch auf Kindergeburtstagsniveau erwischen:

„Aber ausschließen finde ich falsch, weil das rechtfertigt ja das weitere Vorgehen."

Mal ganz davon abgesehen, dass dies eine Äußerung mit Null-Inhalt ist (Wen oder was will sie ausschließen? Was für ein weiteres Vorgehen würde dieses Irgendwas/Irgendwen rechtfertigen?), sollte man Frau Roth ein bisschen Nachhilfeunterricht in deutschem Satzbau erteilen.

Aber all dies bringt mich auch auf eine kühne Idee: Diese Frau hat in letzter Zeit ein großes Talent unter Beweis gestellt! Hohle Phrasen, albernes Gehampel im Fernsehen, Holperdeutsch - mit Claudia Roth wäre doch wohl endlich die Nachfolge für Thomas Gottschalk bei „Wetten dass?" geregelt – oder etwa nicht? Nur die Haare müsste sie noch etwas wachsen lassen.

Franziska Drohsel

Bleiben wir doch gleich bei den Politikern und würdigen einfach mal den Nachwuchs. Die SPD hat's ja bekanntlich derzeit nicht eben leicht. Das einst wider jede Vernunft und wider jegliche politische Intelligenz von Jürgen Möllemann und Guido Westerwelle propagierte „Projekt 18 Prozent" (oder so ähnlich, das war mir damals schon nicht wichtig genug) erhält mit den aktuellen Umfragewerten von Kurt Beck und seinen Sozis ja quasi einen ganz neuen Inhalt. Da hilft wohl auch nicht das Schielen auf den Nachwuchs, der ja auch einst Politgrößen wie Gerhard Schröder gebar. Die aktuelle Juso-Vorsitzende Franziska Drohsel jedenfalls äußerte sich unlängst zur Sozialpolitik:

„Ich finde einfach, man muss sich überlegen, wie man ebend damit umgeht, dass Leute unterschiedlich
viel verdienen und was man dann ebend sagt."
Hach, was werden die Kabarettisten sich freuen, wenn diese begabte Rhetorikerin die Bühne der großen Politik betritt!

Steffen Liebendörfer

Noch einer aus der Riege der Nachwuchshoffnungen. Der Bundesvorsitzende der CDU-Nachwuchsorganisation „Ring Christlich-Demokratischer Studenten" (RCDS) forderte anlässlich der Gedenkfeierlichkeiten zum 55. Jahrestag des Arbeiteraufstandes in der DDR,

„die Leugnung der brutalen Freiheitsverweigerung in der DDR – des DDR-Unrechtssystems an sich"

unter Strafe zu stellen

„wie beispielsweise die Holocaust-Lüge".

Der Mann will allen Ernstes nicht etwa das Leugnen des Holocausts, sondern die Holocaust-Lüge bestrafen, mithin also die Lüge vom Holocaust! Oh je – aber immerhin hat er's damit bis in dieses Buch geschafft, und wie sagt der Ami so gerne: „Any PR is good PR"…

Wittlers Wackler
(aus „Rettet der Deutsch!")

Tine Wittler, mehrfache Buchautorin und Fernsehmoderatorin („Einsatz in vier Wänden"), ist eine gut aussehende Frau, allerdings für ihr Gewicht einige Zentimeter zu klein. Dennoch versteht sie es, sich schick zu kleiden. Frau Wittler hat nun ein Buch darüber geschrieben.

„Pralle Prinzessinnen" heißt das Werk, das auf 144 Seiten Anziehtipps für übergewichtige Frauen gibt. Das ist gut so. Weniger gut ist die Form, in der das Buch im sh:z am 10. Mai 2008 vorgestellt wird. Im „Schleswig-Holstein-Journal" gibt Tine Wittler ein paar Bekleidungstipps, unter anderem diesen hier:

„Eine gut sitzende Jacke in der Gadarobe zu haben its Gold wert."

Oh, oh…

Wollen wir hoffen, dass dies nicht ebenso im Buch zu finden ist. Dann müsste sich der Eichborn Verlag nämlich fragen lassen, ob er inzwischen ohne Lektoren arbeitet. Bei der „Gadarobe" jedenfalls ist Frau Wittler schon so weit von der „Garderobe" entfernt, dass mir die automatische Korrekturfunktion meiner Textverarbeitung sie nicht einmal mehr als Korrektur anzubieten wagt.

Janis Joplin?
Hella von Sinnen!

Nein, liebe Leser, erwarten sie hier von mir jetzt bitte keine tiefschürfende Analyse des Alltagsverhaltens von Frau von Sinnen. Es ist ihre Fernsehrolle, die mich einfach nervt. Das beginnt schon mit dem Namen. Frau Kemper hat sich für einen dermaßen originellen Künstlernamen entschieden, dass auch der dümmste Laib Brot verstehen kann: Hier kommt jetzt jemand, der aber auch wirklich schrecklich lustig ist!

Dabei studierte sie doch in Köln Theater-, Film- und Fernsehwissenschaften, Germanistik und Pädagogik, muss also über etwas Grips verfügen. Heute aber schlüpft sie permanent in schrille Kostüme, brilliert mit Gekreische, Gegacker, albernem Getue und überdrehtem Auftreten, dass es nur so eine Pracht ist.

Da passt sie natürlich prima ins Konzept diverser Privatsender, die aus gutem Grund von mir gemieden werden. Wie einst Dieter Hallervorden, der ja eigentlich ein hervorragender Kabarettist ist, begibt sich auch die Janis Joplin des Müll-TV auf niederstes Bildzeitungsniveau und sorgt für billigsten Unterschichtklamauk. Na ja, wes Brot ich ess', des Lied ich sing'…

Bleibt eigentlich nur, auf eine baldige Namensänderung zu hoffen: Wie wär's mit Hella von Dannen?

Trinkfeste in der Feste Bonn

Wir machen mal einen kurzen Zeitsprung zurück in die 1980er Jahre. Die Mauer stand noch, es gab noch zwei deutsche Staaten, und im Provinzstädtchen Bonn wurde hohe Politik gemacht. Der Kanzler hieß Kohl.

Es war ein offenes Geheimnis, dass die dort ansässigen Politprofis, nahezu allesamt ihrer Heimat und Familie entrissen, nicht nur an den Abenden Trost und Zuspruch bei Weingott Rebus und seinen Kollegen suchten. Kurz gesagt: Kaum einer spuckte ins Glas.

Unter dem Patronat des Bundestagswirts Osvaldo Cempellin, „Ossi" genannt, der selbstverständlich zu schweigen wusste und wohl letztendlich dafür 2003 mit dem Bundesverdienstkreuz ausgezeichnet wurde, soffen zahlreiche Volksvertreter, was das Zeug hielt. Dem Hörensagen nach soll es in Berlin kaum anders zugehen. Joschka Fischer verdanken wir den legendären Ausspruch von 1983:

„Der Bundestag ist eine unglaubliche Alkoholikerversammlung, die teilweise ganz ordinär nach Schnaps stinkt."

Im November 1988 lehnten sich die Journalisten des ARD-Magazins „Panorama" ganz weit aus dem Fenster, als sie sorgfältig recherchiert über den exzessiven Alkoholmissbrauch in Bonn berichteten. Die Reaktion der betroffenen Politprofis kam prompt – und gewaltig.

Ein Sturm der Entrüstung erfasste die Journalisten. Nachdem die damalige gesundheitspolitische Sprecherin der Grünen, die Suchtärztin Heike Wilms-Kegel, selbst übrigens trockene Alkoholikerin, den Journalisten von abendlicher Bierzelt-Atmosphäre im Hohen Haus erzählt hatte, wurden ihr von Abgeordneten der christdemokratischen Fraktion Prügel angedroht.

Und dann gab es ja noch die FDP. Der Abgeordnete Detlef Kleinert, der von Joschka Fischer als „der schwankende Teil" der CDU/FDP-Koalition verhöhnt wurde, war quasi einer der „Hauptdarsteller" der Berichterstattung des ARD-Politmagazins, als er, mit einem Vorredner uneins, dass die Mehrheit des Bundestages der Diskussion mit dem Bürger nicht gewachsen sei, entrüstet aus „Ossis" Etablissement herbeieilte und Folgendes ins Mikrofon lallte:

„Wir haben es nicht nötig, uns hier von einigen, die eine Außenseiterrolle zur persönlichen Hochsteigerung missbrauchen wollen, haben wir es nicht nötig, dieses Parlament missbrauchen zu lassen."

Muss man das noch kommentieren?

Fußball-Weisheiten

„Das nächste Spiel ist immer das nächste."
(Matthias Sammer)

„Die Holländer sind vorne vom Feinsten bestückt." *(Oliver Kahn)*

„Mal verliert man und mal gewinnen die anderen." *(Otto Rehhagel)*

„Das Tor gehört zu 70 % mir und zu 40 % dem Wilmots." *(Ingo Anderbrügge)*

Fußball-Weisheiten

„Im Vergleich zu den Artikeln, die sie schreiben, sind die Märchen aus Tausendundeiner Nacht empirische Untersuchungen."
(Christoph Daum über türkische Sportjournalisten)

„Weitere Fragen kann ich nicht beantworten. Ich muss jetzt zu meinen Spielern. Die sind so blind, dass sie den Weg von der Kabine zum Bus nicht finden."
(Uwe Klimaschefski)

„Mailand oder Madrid - Hauptsache Italien!"
(Andreas Möller)

„Für mich war es wichtig zu sehen, dass ich konditionell mithalten konnte."
(Axel Kruse nach einem 13-Sekunden-Einsatz)

„Der FC Tirol hat eine Obduktion auf mich."
(Peter Pacult)

Ein paar Sprachspielereien
und peinliche Zitate

„Weil ich ein sehr heller Typ bin und ein bisschen Farbe als Kontrastmittel brauche, wähle ich lieber dunklere Farben aus." (Boris Becker zu seiner neuerlichen Partnerinnenwahl)

„2004 vermöbelt Franziska L. einen Mann mit einer Latte." (Bild-Zeitung)

„Republikaner blockieren Aufschub des Digital-TV-Umstiegs in den USA." (Heise Online, 19. Januar 2009)

„(…)das Bild einer stolzen, arbeitenden Mutter und einer Silikone" (Bunte.de)

„Das sind Selbstdarsteller, die nur mit irgendwelchen Aktionen ins Fernsehen wollen." (ausgerechnet Dieter Bohlen über den ins Studio eingedrungenen ungarischen Postboten)

„Wie sein Bruder (…) wurde Franz von Brentano in eine der bedeutendsten deutsch-katholischen Intellektuellenfamilien ursprünglich italienischer Abstammung hineingeboren." (Wikipedia)

Kann man jemanden endgültig töten?

Nein, kann man nicht. Man kann jemanden töten, das ja. Aber das Töten an sich beinhaltet ja schon eine derartig starke Form von Endgültigkeit („toter" als tot kann man schließlich nicht sein), dass es sich im Grunde genommen gewiss nicht noch durch ein Adjektive quanti- oder qualifizieren ließe.

Warum wird man immer spitzer, je breiter man wird?

…zurecht bekommen… zu Recht bekommen?

Ein klassisches Beispiel dafür, dass die Rechtschreibreform manchen Sätzen ihren eindeutigen Sinn nimmt, wenn sie verschiedene Schreibweisen zulässt.

Schlagzeile im Sat1-Teletext am 24. März 2009:

"Die Wachstumskurve zeigt nach unten".

Da frage ich mich doch, wenn sie denn nach unten zeigt, die Kurve, wie kann sie dann ein Wachstum darstellen? Müsste man sie nicht viel eher Wirtschaftsentwicklungskurve nennen? Oder gar, sofern sie unter Null rutscht, „Schrumpfungskurve"?

Abschließend, liebe Leser, möchte ich Ihnen einige hübsche Zitate nicht vorenthalten, die ich unter anderem im von mir hoch geschätzten Satiremagazin „Titanic" entdecken durfte.

„Künstliche Befruchtung: Frau von der Leyen muss sich positionieren.“

Aus einer SPD-Verlautbarung im Frühjahr 2009. Kein Kommentar…

„Die Talsohle habe ich hinter mir. Jetzt geht es aufwärts.“

Sehr viel peinlich-zweideutiger als Thüringens Ministerpräsident Dieter Althaus nach erfolgreicher Genesung von den Folgen seines schicksalhaften Skiunfalls kann man sich gegenüber der „Bild“ wohl kaum äußern…

Für solche Ratschläge wie den folgenden muss man wohl Psychologie studiert haben:
„Man muss sich von Menschen verabschieden, die einem nicht guttun.“

Aha (Anm. des Autors).

(Psychotherapeut Dr. Burkhard Peter, zitiert nach Andreas und Stephan Lebert (Zeit/Brigitte))

„Sie glauben doch wohl nicht im Ernst, dass es Aufgabe der Bahn ist, jemanden von A nach B zu bringen?“

(Der neue Bahnchef Rüdiger Grube)

„Inzwischen ist die Union auf die SPD zugestürzt. So tief, dass der Gedanke an die Sollbruchstelle erstarrt ist.“

Dieses Metaphern-Fiasko verdanken wir Hans-Ulrich Jörges (Stern).

„Was hat Kaufhof richtig und was hat Karstadt falsch gemacht? Kaufhof steigerte seine Gewinne von Jahr zu Jahr, Karstadt machte immer größere Verluste(…)“

Gut, dass es die Bild am Sonntag gibt. Da wäre ich alleine nie drauf gekommen…

„Das Risiko eines NPD-Verbots hält Bundesinnenminister Schäuble für zu hoch.“

Ein Nachrichtensprecher des Senders „B5“ des Bayerischen Rundfunks

„Wer Einsatz zeigt, ist oft beruflich erfolgreich.“

„Unternehmensberater sind Problemlöser für schwierige Fälle.“

„Wer ständig an seine Grenzen geht, setzt die eigene Gesundheit aufs Spiel.“

Diese drei Plattitüden verdanken wir der „Karriere-Welt“, respektive der „Welt“.

Anhang

Die Vorgänger

Anfang 2008 erschien im tredition-Verlag der erste Vorläufer dieses Werks: „Die Sprachpanscher" - Polemiken, Glossen, Texte und Lyrik, ISBN 978-3-940921-66-6, das beim tredition-Verlag (www.tredition.de) auch als E-Book und Audio-Book zum Download bereitsteht.
E-Book ISBN978-3-940921-62-8,
Audio-Book ISBN: 978-3-86850-054-7

Im Frühjahr 2008 folgte dann das von der renommierten Sprecherin Juliane Ahlemeier gesprochene Hörbuch.

Im Herbst 2008 erschien bereits der zweite Band der Trilogie: "Rettet der Deutsch!" Das dazu gehörige Hörbuch, ebenfalls in professionellen Händen, ist zum Zeitpunkt der Drucklegung dieses Buches noch in Arbeit.

ISBN: 978-3-86850-219-0 (Print), 978-3-86850-217-6 (E-Book)

Namensregister

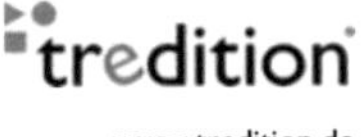

Über tredition

Der tredition Verlag wurde 2007 in Hamburg gegründet und ermöglicht Autoren das Publizieren von e-Books, audio-Books und print-Books. Autoren veröffentlichen ihre Bücher selbständig oder auf Wunsch mit der Unterstützung von tredition. print-Books sind in allen Buchhandlungen sowie bei Online-Händlern gedruckter Bücher erhältlich.

e-Books und audio-Books können auf Wunsch der Autoren neben dem tredition Web-Shop auch bei weiteren führenden Online-Portalen zum Verkauf angeboten werden. Auf www.tredition.de veröffentlichen Autoren in wenigen leichten Schritten ihr Buch. Zusätzlich bieten zahlreiche Literatur-Partner (das sind Lektoren, Übersetzer, Hörbuchsprecher und Illustratoren) ihre Dienstleistung an, um Manuskripte zu verbessern oder die Vielfalt zu erhöhen.

Autoren können dieses Angebot nutzen und vereinbaren unabhängig von tredition mit Literatur-Partnern ihre Zusammenarbeit und partizipieren gemeinsam am Erfolg des Buches.